南粤惊雷

广东工农武装起义图文集

中共广东省委党史研究室 编

南方日报出版社
NANFANG DAILY PRESS
中国·广州

图书在版编目（CIP）数据

南粤惊雷 ：广东工农武装起义图文集 / 中共广东省委党史研究室编. — 广州 ：南方日报出版社，2023.8
ISBN 978-7-5491-2148-9

Ⅰ. ①南… Ⅱ. ①中… Ⅲ. ①武装起义－史料－广东－1927-1928 Ⅳ. ①K296.5

中国版本图书馆CIP数据核字(2020)第006524号

NANYUE JINGLEI
南粤惊雷

编　　者：中共广东省委党史研究室
出版发行：南方日报出版社
地　　址：广州市广州大道中289号
出 版 人：周山丹
出版统筹：阮清钰
责任编辑：蔡　芹
装帧设计：邓晓童
责任校对：阮昌汉　朱晓娟
责任技编：王　兰
经　　销：全国新华书店
印　　刷：广州市新怡印务股份有限公司
开　　本：889mm×1194mm　1/16
印　　张：10.5
字　　数：98千字
版　　次：2023年8月第1版
印　　次：2023年8月第1次印刷
定　　价：78.00元

投稿热线：（020）87360640　　读者热线：（020）87363865
发现印装质量问题，影响阅读，请与承印厂联系调换。

前　言

广东有着光荣的革命传统，是国内最早成立共产党早期组织的六个地区之一，是大革命的策源地。广东党组织成立后，积极开展工人运动，并点燃了农民运动的星火。广东党组织和广大党员在风起云涌的工农运动中，特别是在省港大罢工、统一广东之役和北伐战争中，起着政治领导和先锋模范作用，为将大革命运动从广东推向全国做出重要贡献。

1927 年春夏，蒋介石、汪精卫相继发动反革命政变，轰轰烈烈的大革命遭到失败。在党中央的领导下，广东党组织先后发动夏季讨蒋起义、秋收起义、广州起义以及 1928 年年关暴动等一系列声势浩大的工农武装起义，诞生了海陆丰、陵水、普宁、南雄、惠来、广宁等一批苏维埃政权，在不同阶段创建了海陆丰、琼崖、东江革命根据地，实行区域性“工农武装割据”，开展翻天覆地的土地革命运动。粤东北与赣南、闽西毗邻，部分区域逐渐发展成为中央苏区的重要组成部分。在残酷的反“围剿”斗争中，广东地区相继创建红二师、红四师、琼崖红军独立师、红十一军等人民军队正规武装力量，成为保卫红色革命政权、捍卫革命根据地的坚强柱石。

广东在全国范围内较早开展武装斗争、土地革命，较早建立苏维埃政权和农村革命根据地，对中国共产党独立领导武装斗争，探索武装夺取政权的道路进行了有益的尝试，为中国革命作出了重要贡献。为直观、系统地反映这一时期的广东武装斗争实践，我们编辑了《南粤惊雷——广东工农武装起义图文集》一书。

《南粤惊雷——广东工农武装起义图文集》按照历史时间顺序与主题集中相结合的叙述方法，用300 余幅图片配以史实说明，分“滚滚洪流、夏季讨蒋、秋收起义、广州起义、年关暴动、红色割据”六个部分，图文并茂地再现了土地革命战争时期广东党组织带领广东人民开展武装斗争、浴血奋战的艰难历程。

本图文集所涉广东工农武装起义的时间范围，以《中国共产党广东历史》（第一卷）为准，即从1927年4月至1928年初。同时，为了全面展示土地革命战争时期广东开展工农武装斗争的发展过程，在第一章对大革命时期广东党组织领导的工农运动做了充分说明，并把第六章个别图片时间后延至1933年。本图文集所涉工农武装起义的地域范围，本着尊重历史原貌的原则，以当时的行政区划为基准，涵盖现在的广东、海南及广西北海、钦州等地。

鉴往知来，扬帆远航。新民主主义革命时期，中国共产党领导发动的广东工农武装起义，加速推进了广东乃至全国的革命进程，在这过程中，无数共产党人和革命者为中国革命事业流血牺牲，他们崇高的革命精神和不朽的业绩时至今日依然是广东走在全国前列创造新的辉煌的强大精神动力。在新时代伟大征程上，我们要坚持以习近平新时代中国特色社会主义思想为指引，弘扬伟大建党精神，传承红色基因，赓续红色血脉，为实现第二个百年奋斗目标、实现中华民族伟大复兴的中国梦而砥砺奋进。

目　　录

第一章 革命·滚滚洪流

广东是国内最早建立共产党早期组织的六个地区之一。广东党组织成立后，积极开展工人运动，并点燃了农民运动的星火。1924年1月，在广东正式形成了国共两党的第一次合作，广东从此成为大革命的策源地。广东党组织积极贯彻国共合作的方针，放手发展工农运动，迅速开拓了国民革命的新局面。党的队伍也在大革命的风暴中得到迅速发展。1927年，广东是当时全国辖区最广、党员人数最多的地方之一。广东党组织建立了党的历史上第一个军事机构，广东工农武装在滚滚革命洪流中得到初步发展和锻炼，在大革命的舞台上发挥重要作用。

壹 / 党的早期革命活动

1921 年 7 月，伟大的中国共产党成立，同年 8 月，广州共产党早期组织改为中共广东支部，谭平山为书记。同时，中国劳动组合书记部南方分部成立。广东党组织是中国共产党最早成立的地方组织之一，成立之后，即投身中国革命的伟大事业，在艰难曲折的征途中发展壮大。

■ 1921 年春，陈独秀、陈公博、谭平山、谭植棠等正式成立广州共产党早期组织，陈独秀为书记（不久由谭平山继任），共有党员 9 人。图为广州共产党早期组织主要活动地——小红楼（现广州市第十中学范围内）

■ 1921 年 7 月，中国共产党第一次全国代表大会在上海法租界望志路 106 号（今兴业路 76 号）开幕。由于会场受到暗探注意和法租界巡捕搜查，最后一天的会议转移到浙江嘉兴南湖的游船上举行。出席大会的广州共产党早期组织代表是陈公博（在中共一大后不久因严重违反党的纪律被开除出党，抗日战争中成为汉奸），陈独秀也指派包惠僧由穗赴沪参加大会。图为中共一大会址

■ 1921 年 8 月，中共广东支部成立，谭平山为书记。图为谭平山故居

■ 中共广东支部和中共广东区委建立初期的活动地点：杨匏安故居——杨家祠

■ 中国共产党成立后，1921年8月成立公开领导工人运动的总机关——中国劳动组合书记部。随后，中国劳动组合书记部南方分部在广州成立，主任为谭平山。图为中国劳动组合书记部南方分部旧址

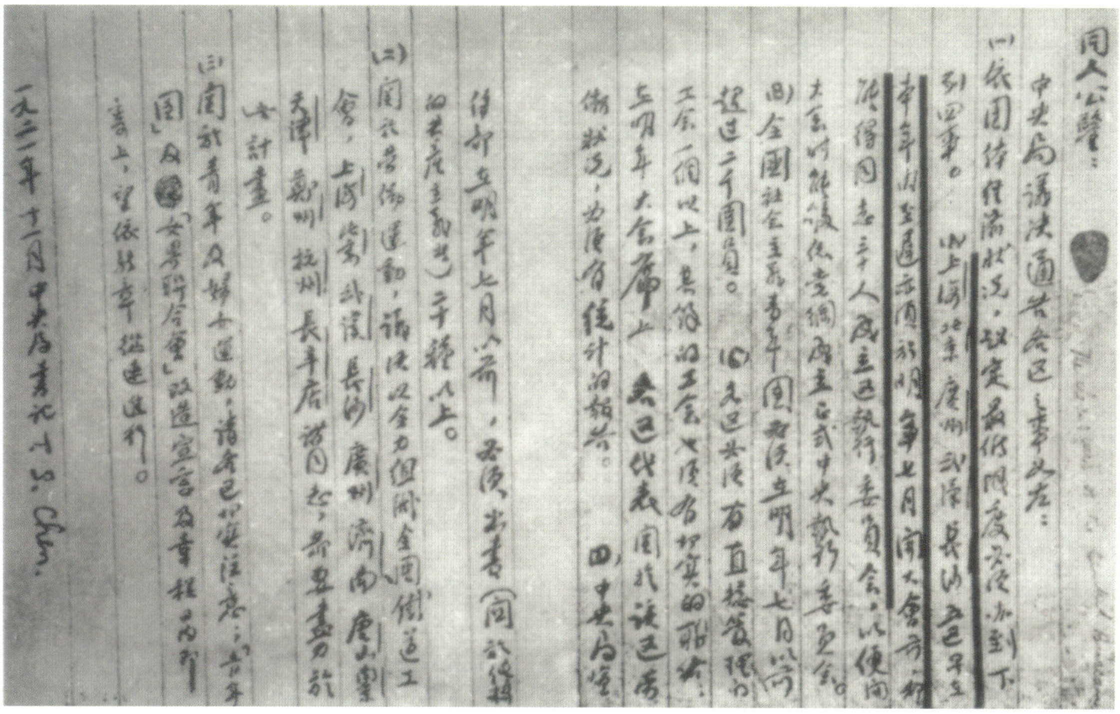
同人公鉴：

中央局议决通告各区之事如左：

（一）依团体经济状况，议定最低限度必须办到下列四事。

（A）上海 北京 广州 武汉 长沙 五区早在本年内至迟亦须于明年七月开大会前，都能得同志三十人成立区执行委员会，以便开大会时能够依党纲成立正式中央执行委员会。

（B）全国社会主义青年团须于明年七月以前超过二千团员。

（C）各区必须有直接管理的工会一个以上，其余的工会也须有切实的联络；在明年大会席上，各区代表关于该区劳动状况，必须有统计的报告。

（D）中央局宣传部在明年七月以前，必须出书（关于纯粹的共产主义者）二十种以上。

（二）关于劳动运动，议决以全力组织全国铁道工会，上海 北京 武汉 长沙 广州 济南 唐山 南京 天津 郑州 杭州 长辛店诸同志，都要尽力于此计画。

（三）关于青年及妇女运动，请各区切实注意：青年团及「女界联合会」改造宣言及章程日内即寄上，望依新章从速进行。

一九二一年十一月 中央局书记 T.S.Chen.

■ 1921 年 11 月，中共中央局通告广州等五区党组织至迟在翌年 7 月前“得同志三十人成立区执行委员会”。遵照中央指示，1922 年 6 月前后，中共广东区执行委员会成立。图为《中央局通告》

■ 1924 年初，中共广东区委撤销，改设中共广州地方执行委员会。10 月，中共中央决定恢复中共广东区执行委员会，统一领导广东（包括香港）、广西等地党的组织和革命工作。图为中共广东区委旧址

广东地区中共党员数量统计表

时间	人数
1922 年 6 月	32
1925 年 10 月	928
1926 年 4 月	3700
1926 年 5 月	4200
1926 年 6 月	4558
1926 年 9 月	5039
1927 年 2 月	8000
1927 年 4 月	9027

资料来源：中共中央组织部、中共中央党史研究室、中央档案馆编：《中国共产党组织史资料》，中共党史出版社 2000 年版。

中国共产党成立后，集中力量领导工人运动。1922 年 1 月，香港爆发了著名的海员大罢工，成为中国共产党领导的中国工人运动第一次高潮的起点。

■ 1921 年 3 月 6 日，中华海员工业联合总会在香港正式成立，这是中国海员第一个真正的工会组织。图为中华海员工业联合总会职员在广州合影（前排右三为苏兆征，右二为林伟民）

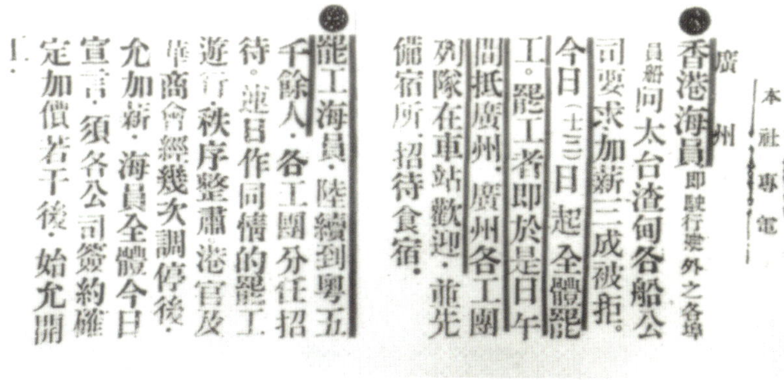

本社專電

廣州

香港海員即駛行港外之各埠員船同太古渣甸各船公司要求加薪三成被拒。今日（十三）日起全體罷工。罷工者即於是日午間抵廣州。廣州各工團列隊在車站歡迎。並先備宿所，招待食宿。

罷工海員，陸續到粵五千餘人。各工團分任招待。連日作同情的罷工遊行。秩序整肅。港官及華商會經幾次調停後，允加薪。海員全體今日宣言，須各公司簽約確定加價若干後，始允開工。

■ 罢工后的香港海员陆续来到广州。图为上海《民国日报》海员大罢工的报道

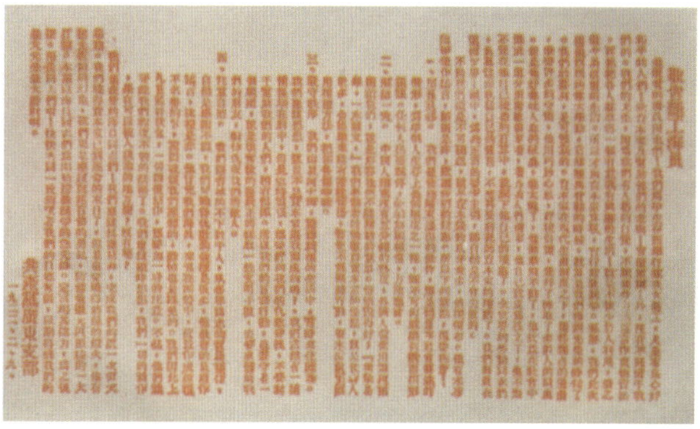

■ 1922 年 2 月 9 日，中共广东支部发布《敬告罢工海员》书，大力支持香港海员罢工的正义斗争

■ 1922 年 3 月 8 日，香港海员和市民欢庆罢工胜利

■ 为了纪念香港海员罢工和报答广州人民的大力支持，1931 年广东海员支部筹款建海员亭，1933 年落成

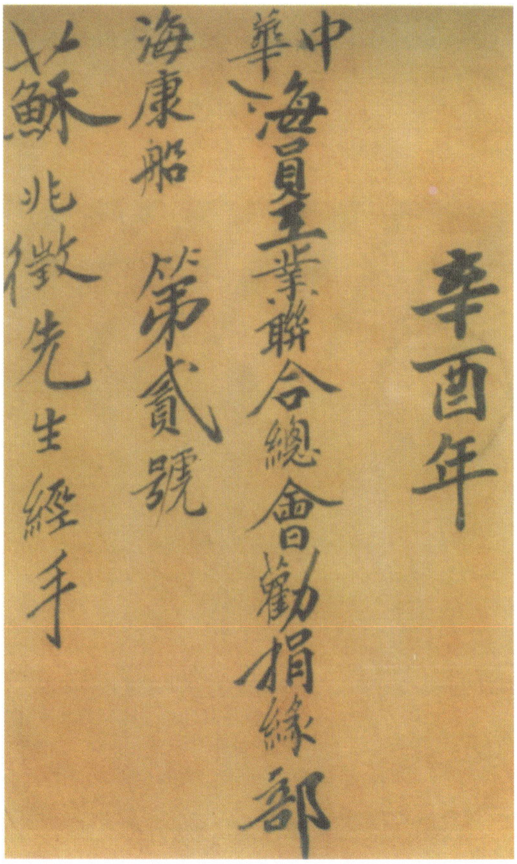
辛酉年
中華海員工業聯合總會勸捐緣部
海康船 第貳號
蘇兆徵先生經手

■ 苏兆征经手的中华海员工业联合总会劝捐缘部受捐的物资票据

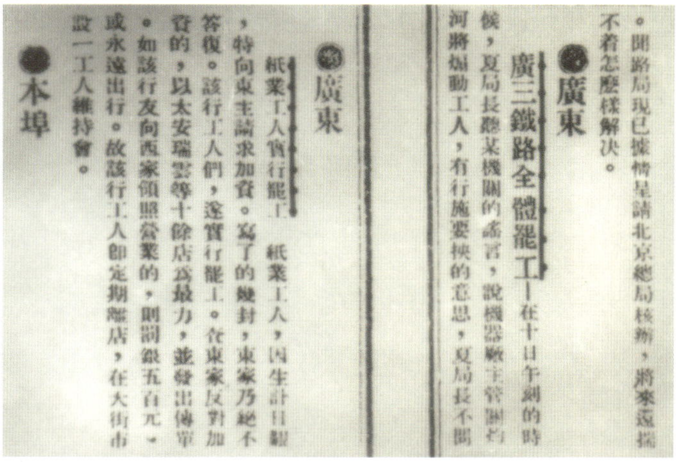

•路局現已據情呈請北京總局核辦，將來這搞不着怎麼樣解決。

廣東

廣三鐵路全體罷工 在十日午剛的時候，夏局長聽某機關的謠言，說機器廠主管劉者河將煽動工人，有行施要挾的意思，夏局長不問

廣東

紙業工人實行罷工 紙業工人，因生計日艱，特向東主請求加資。寫了的幾封，東家乃絕不答復。該行工人們，遂實行罷工。在東家反對加資的，以太安瑞雲等十餘店爲最力，並發出傳單。如該行友向西家領照營業的，則罰銀五百元，或永遠出行。故該行工人即定期離店，在大街市設一工人維持會。

本埠

■《劳动周刊》关于广三铁路工人罢工及纸业工人罢工的报道

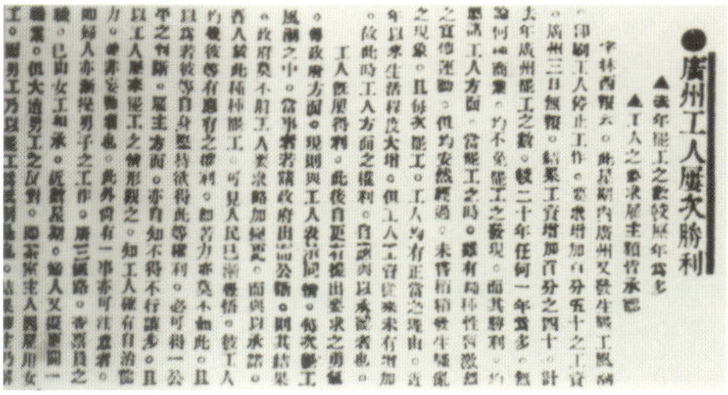

廣州工人屢次勝利

▲去年罷工之數較歷年爲多

▲工人之要求雇主類皆承認

■ 1921—1922 年，广州工人罢工斗争屡获胜利。图为上海《民国日报》的报道

■ 1924 年 6 月 19 日，越南革命志士范鸿泰在广州沙面刺杀法国驻越南总督马尔兰。沙面英法租界当局以此为借口，颁布“新警律”，限制中国居民自由出入沙面租界。图为租界时期的沙面

■ 中共广州地委派刘尔崧、施卜、穆青、周文雍到沙面发动数千洋务工人举行罢工，要求取消“新警律”。图为罢工队伍离开沙面时的情况

■ 1924 年 7 月 20 日，广州工人代表大会发出《反对英国限制华人进入沙面的新警律代电》，支持沙面工人的罢工斗争。图为广州工人慰问沙面罢工工人

■ 1924 年 7 月 24 日，广州各洋行货仓的运输工人举行声援罢工。沙面的商务、生活陷于瘫痪状态

■ 1924年8月19日，沙面当局接受罢工工人的要求，沙面罢工取得了胜利。这次罢工不仅轰动广州和香港，而且影响及于其他省、区，打破了“二七”惨案以来工人运动的消沉状态。图为沙面洋务工人罢工指挥所——海珠大戏院

■ 1925年6月8日，中共广东区委派邓中夏、孙云鹏赴香港，与苏兆征、何耀全联系，发动香港工人罢工，以声援上海的“五卅”惨案。图为邓中夏在工人中演讲

■ 1925 年 6 月 19 日，香港工人首先罢工，揭开了省港大罢工的序幕。6 月 21 日，广州沙面工人宣告罢工。省港大罢工全面爆发。图为省港罢工工人

中国自从鸦片战争之后，帝国主义除了经济的政治的文化的侵略以外，还要加以武力的屠杀，是而可忍，孰不可忍！故我全港工团代表联席会议，一致决议与上海汉口各地取同一之行动，与帝国主义决一死战。我们为民族的生存与尊严计，明知帝国主义的快枪巨砲可以制我们的死命，然而我们亦知中华民族奋斗亦死，不奋斗亦死；与其不奋斗而死，何如奋斗而死，可以鲜血铸成民族历史之光荣。所以我们毫不畏惧，愿与強权决一死战。

■ 香港罢工工人纷纷离港返粤，香港陷于瘫痪。图为省港大罢工宣言（部分）

■ 1925 年 6 月 23 日，香港罢工工人和广州市的工人、农民、学生、青年军人及其他群众 10 余万人在广州举行示威游行。图为当时的游行队伍

■ 当游行队伍途经沙面对岸沙基路时，英、法军警开枪射击，当场死亡 52 人，重伤 170 多人，轻伤不计其数，制造了骇人听闻的“沙基惨案”。图为惨案现场一角

■ 1925年7月3日，省港罢工委员会成立，作为省港罢工工人代表大会的执行机关，苏兆征担任省港罢工委员会委员长，何耀全、曾子严为副委员长，李森、林伟民等为委员。图为省港罢工委员会正门

■ 在中共广东区委的领导下，省港罢工工人迅速组织起来，由省港各工会选举代表组成省港罢工工人代表大会作为罢工的最高领导机构，罢工的各种重大问题都在会上讨论决定。图为省港罢工工人代表大会举手通过决议

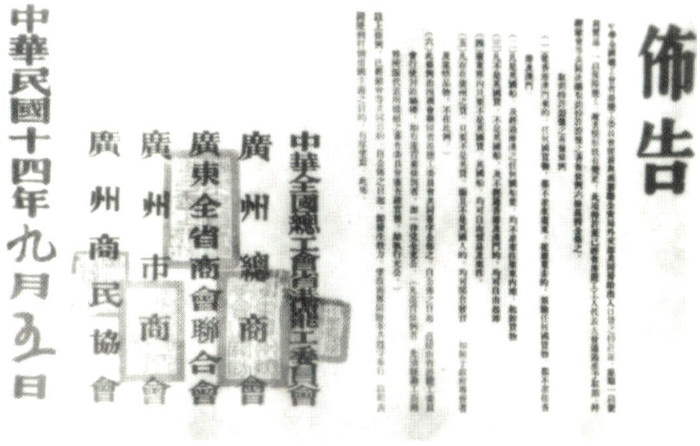

佈告

中華全國總工會省港罷工委員會
廣州總商會
廣東全省商會聯合會
廣州市商會
廣州商民協會

中華民國十四年九月五日

■ 1925 年省港大罢工爆发后，省港罢工委员会发出通电，决定即日起封锁香港及新界口岸，所有轮船一律禁止往来。图为省港罢工委员会、广州总商会等组织关于封锁香港的布告

工人之路特號

工人之路

中華民國十五年十月十一日

宣言

省港罷工委員會為停止封鎖宣言

擁護省港罷工實行新政策特刊

省港罷工委員會命令

為命遵事：吾等反帝國主義乃一長期之鬥爭。現時國民革命勢力之影响，已擴大到揚子江流域，而吾等對英杯葛之舊形式必須致變之時機已至。故吾等審時勢而有新策略之決定。此種新策略即是由糾察封鎖之舊形式轉變到全國用經濟武器之新形式，簡言之，即是由我們孤軍奮鬥轉變到全國聯合奮鬥。現時已有可能準備此新的總鬥爭之實現。吾等確切相信此策略其給與帝國主義之打擊，當十百倍於吾等過去十五個月之成績。當經第一三八次代表大會通過，決於本年十月十日正午十二時將各海口糾察一律撤回，暫行停止封鎖。除將宣言標語另行頒發外，合行令飭該會，仰即分令駐防各屬糾察隊，一體遵照，毋稍玩忽，為要。又在該日十二時以前應聯合各該地民衆作熱烈之擁護自動停止封鎖，擴大反英運動，巡行示威，一面使民衆咸明瞭變更策略之重大意義，另一面亦即加帝國主義以嚴重儆告。惟在該日十二時糾察隊務必按時集中收隊，撤防回省。切切此令

中華全國總工會省港罷工委員會

農工商學兵聯合起來擴大

■ 1926 年 7 月，国民革命军出师北伐，革命斗争出现了新形势。10 月 10 日，中共广东区委发表《省港罢工委员会为停止封锁宣言》，决定改变罢工斗争策略，停止封锁香港，结束罢工

■ 省港大罢工是中共广东区委直接领导下的一场反帝斗争。这一斗争，给帝国主义者以沉重的打击，对促进广东人民反帝统一战线的发展和广东革命政权的巩固有着十分重要的意义。图为坚持16个月之久的省港大罢工胜利结束

在广东党组织的领导下，一批工人组织在全省各地建立起来，成为推动工人运动的重要力量。

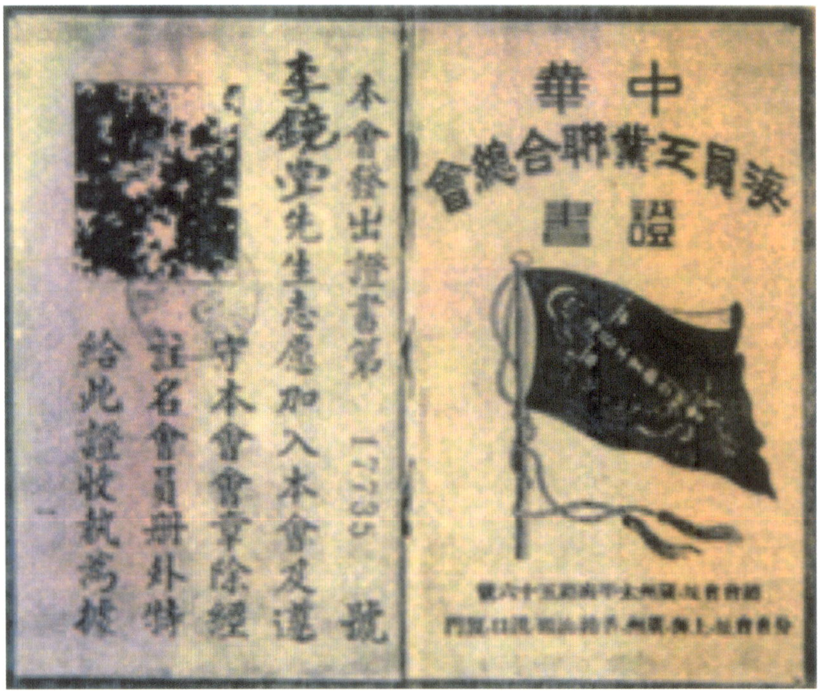
中華海員工業聯合總會
證書

本會發出證書第17735號
李鏡堂先生志愿加入本會友遵
守本會會章除經
註名會員冊外特
給此證收執為據

■ 中华海员工业联合总会会员证

■ 中华海员工业联合总会会旗

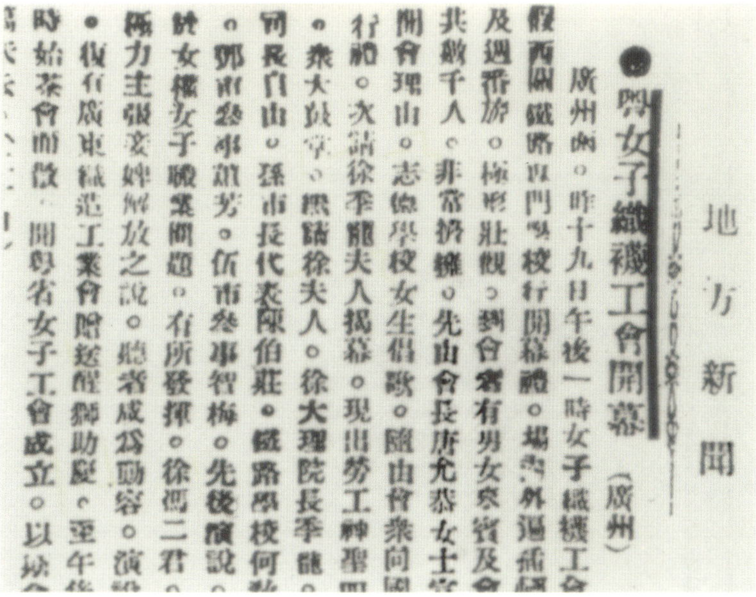

地方新聞

●粵女子織襪工會開幕（廣州）

廣州函。昨十九日午後一時女子織襪工會假西關鐵路專門學校行開幕禮。場內外遍插國旗及週香旂。極形壯觀。到會者有男女來賓及會員共數千人。非常擠擁。先由會長唐允恭女士宣佈開會理由。志德學校女生倡歌。隨由會衆向國旗行禮。次請徐季龍夫人揭幕。現出勞工神聖四字。衆大鼓掌。繼請徐夫人。徐大理院長季龍。司長自由。孫市長代表陳伯莊。鐵路學校何秋。鄧市參事凱芳。伍市參事智梅。先後演說。於女權女子職業問題。有所發揮。徐馮二君。極力主張姿婢解放之說。聽者成爲動容。演說●復有廣東織造工業會贈送醒獅助慶。至午後時始茶會而散。聞粵省女子工會成立。以該會

■ 1922 年 2 月 25 日，广东省女子织袜工会在广州西关铁路专门学校举行开幕礼。图为上海《民国日报》的报道

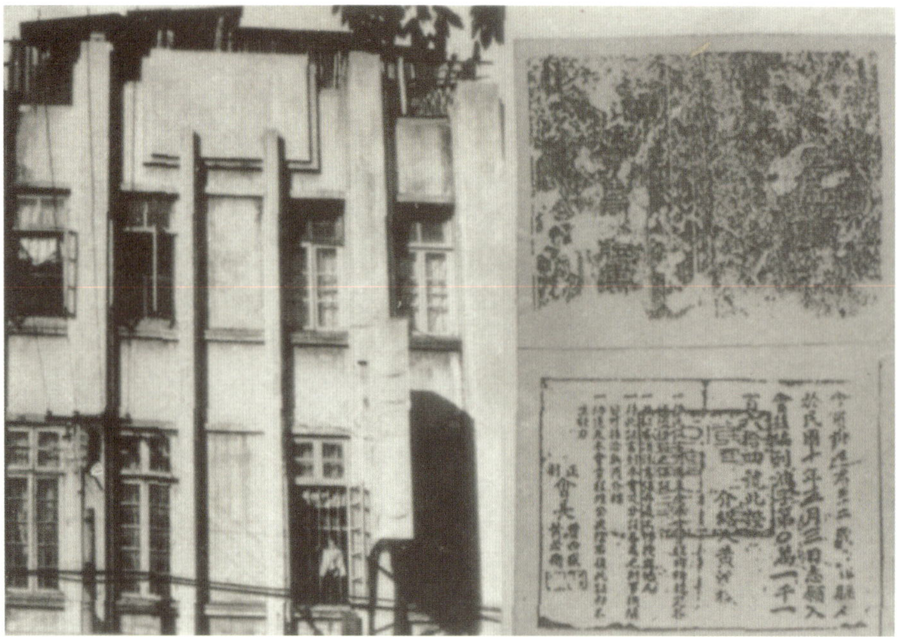

■ 1923 年 5 月，中共党员刘尔崧、周其鉴等领导数千油业工人罢工，要求增加工资、改善待遇，历时 8 个月，终于取得胜利。图为广州油业工会旧址及会员证

■ 1924 年 5 月 1 日，广州工人代表会宣告成立，选举产生广州工人代表会执行委员会，刘尔崧当选主席。图为刘尔崧

■ 各地工会、农会纷纷建立。图为江门新会总工会旧址——江门水南祖庙

■ 惠州惠东县高潭区工会会员证章

■ 1926 年 5 月 1 日，汕头总工会成立。图为汕头总工会旧址

■ 1925 年 11 月，潮阳县总工会成立。图为潮阳县总工会遗址

1922 年 5 月 1 日至 6 日，中国共产党以中国劳动组合书记部的名义在广州市内的广东机器工会礼堂召开了第一次全国劳动大会。大会的召开开创了全国工人联合起来的新纪元，确立了中国共产党在工人运动中的领导地位，为全国工人运动的进一步发展奠定了基础。

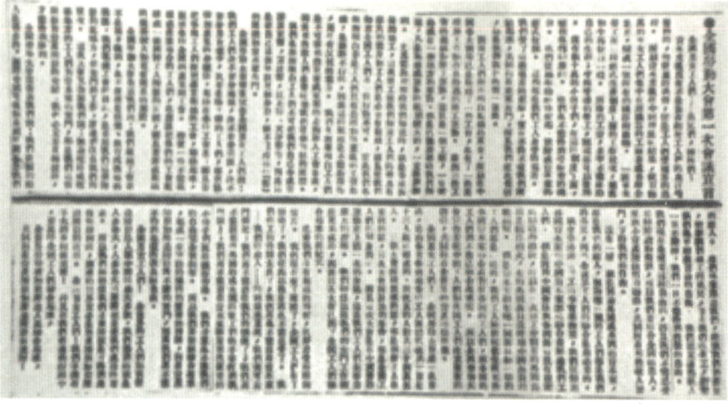

●全國勞動大會第一次會議宣言

■ 1922 年 5 月 2 日，第一次全国劳动大会在广州开幕。图为大会宣言

■ 1922 年 5 月 6 日，第一次全国劳动大会闭幕晚会在广东咨议局举行

■ 1925年5月1日，第二次全国劳动大会在广州召开，决定成立中华全国总工会，选举林伟民为总工会委员长，刘少奇、邓培等为副委员长。中华全国总工会成为全国工运的领导机构。图为刘少奇在中华全国总工会成立大会上讲话

■ 中华全国总工会旧址

除了工人运动，中国共产党对农民运动也十分重视。国共合作形成后，共产党推动国民党在广州创办了农民运动讲习所。从 1924 年起到 1926 年，广州农民运动讲习所共举办了 6 届，培养了大批农运干部，有力促进了全国农民运动的开展。

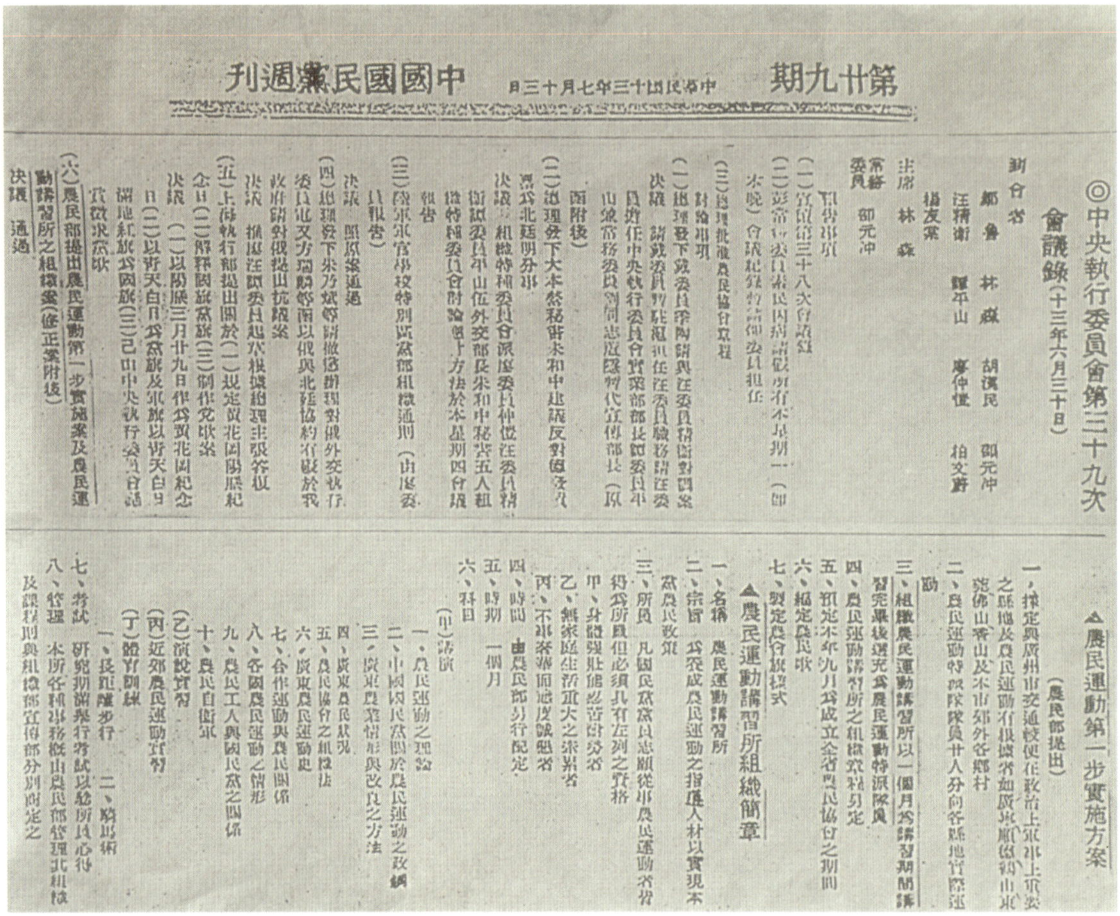

中國國民黨週刊　中華民國十三年七月十三日　第卅九期

◎中央執行委員會第三十九次會議錄（十三年六月三十日）

到會者　鄒魯　林森　胡漢民　邵元冲　汪精衛　譚平山　廖仲愷　柏文蔚　楊友棠

主席　林森

常務委員　邵元冲

報告事項

（一）宣讀第三十八次會議錄

（二）彭素民因病請假 [illegible]

討論事項

[illegible]

△農民運動第一步實施方案（農民部提出）

一、指定與廣州市交通較便 [illegible]

二、農民運動特派員 [illegible]

三、組織農民運動講習所以一個月為講習期間 [illegible]

四、農民運動講習所之組織章程另定

五、預定本年九月為成立全省農民協會之期間

六、編定農民歌

七、製定農會旗式

△農民運動講習所組織簡章

一、名稱　農民運動講習所

二、宗旨　為養成農民運動之指導人材以實現本黨農民政策

三、所員　凡國民黨員志願從事農民運動者皆得為所員但必須具有左列之資格

甲、身體強壯能耐勞苦者

乙、無家庭生活重大之累者

丙、[illegible]

四、時間　由農民部另行規定

五、時期　一個月

六、科目

（甲）講演

一、農民運動之理論

二、中國國民黨關於農民運動之政綱

三、廣東農業情形與改良之方法

四、廣東農民狀況

五、農民協會之組織法

六、廣東農民運動史

七、合作運動與農民關係

八、各國農民運動之情形

九、農民工人與國民黨之關係

十、農民自衛軍

（乙）演說實習

（丙）近郊農民運動實習

（丁）體育訓練　一、長距離步行　二、射擊術

七、考試　研究期滿舉行考試以驗所員心得

八、管理　本所各種事務概由農民部管理其組織及課程則與組織部宣傳部分別商定之

■ 1924 年 6 月 30 日，国民党中央执行委员会第 39 次会议接受中国共产党关于举办农民运动讲习所的提议，决定正式创办广州农讲所

■ 彭湃（1896—1929），广东海丰人。广州农讲所第一、五届主任，历届教员。中国农民革命运动先导者

■ 罗绮园（1894—1931），广州番禺人。广州农讲所第二届主任，历届教员。广东农运领导人之一

■ 阮啸仙（1897—1935），广东河源人。广州农讲所第三届主任，历届教员。中共早期农民运动重要领导者之一

■ 谭植棠（1893—1952），广东高明人。广州农讲所第四届主任兼教员

■ 毛泽东（1893—1976），湖南湘潭人。广州农讲所第六届所长兼教员。中国共产党、中国人民解放军和中华人民共和国的主要缔造者和领导者

■ 广州农讲所历届主办人和重要的教学工作均由共产党人担任。广州农讲所学员在学习政治理论的同时，也进行严格的军事训练。图为广州农讲所学员在军训

一 三民主義與五權憲法
二 國民黨黨綱及宣言
(乙)關於中國國民革命之基礎智識者
一 甚麼是帝國主義
二 帝國主義侵畧簡史
三 中國民族革命史
四 各國革命史
五 社會學淺說
六 政治經濟之淺釋
七 各國政黨狀況
八 法律常識
九 中國秘密社會簡史
十 每週政治報告
(丙)關於農民運動之理論及其實施方畧者
一 農民運動之理論
二 世界農民運動史畧及其現勢
三 農民協會與自衛軍之組織法
四 農民運動現況及其趨勢
五 中國農業情形及改良方法
六 農村教育
七 合作運動與農村之關係
八 中國工人運動及工人狀況
(丁)關於實習宣傳訓練者
一 統計學
二 閱書報與造論
三 演說與集會實習
四 辯論會
五 唱歌
六 圖畫
(戊)軍事訓練
(己)農民運動見習(於假日或星期日為之)

■ 第一届至第五届广州农讲所教授科目

■ 第五届广州农讲所学生毕业合影。第二排左十二为主任彭湃

第六届广州农讲所旧址大门

第六届广州农讲所课堂

■ 第六届广州农讲所全体学员在所长毛泽东的带领下到海丰实习两星期。图为实习的地方——海丰赤山约

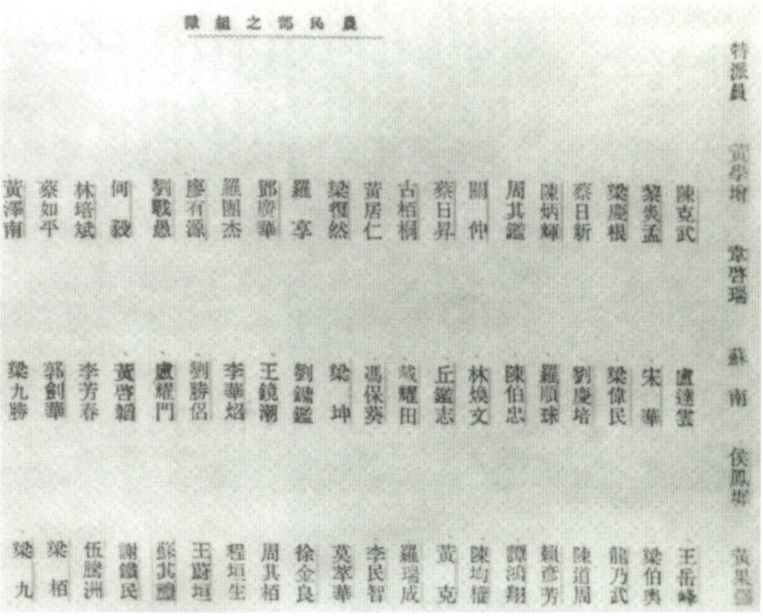

農民部之組織

特派員　黃學增　韋啓瑞　蘇南　侯鳳墀　黃果[illegible]

陳克武	盧達雲	王岳峰
黎炎孟	宋華	梁伯典
梁慶根	梁偉民	龍乃武
蔡日新	劉慶培	陳道周
陳炳輝	羅順球	賴彥芳
周其鑑	陳伯忠	譚鴻翔
關仲	林煥文	陳均權
蔡日昇	丘鑑志	黃克
古柏桐	戚耀田	羅瑞成
黃居仁	馮保葵	李民智
梁復然	梁坤	莫萃華
羅亨	劉鑄鑑	徐金良
鄧廣華	王鏡潮	周其栢
羅團杰	李華炤	程垣生
廖有源	劉勝侶	王蔚垣
劉戰愚	盧耀門	蘇其禮
何毅	黃啓韜	謝鐵民
林培斌	李芳春	伍騰洲
蔡如平	郭劍華	梁栢
黃澤南	梁九勝	梁九

■ 广州农讲所学生毕业后，大部分被委任为农运特派员，回各省区从事农民运动，有力地促进了各地农民运动的发展。图为农运特派员名单

在中国共产党的领导下，广东各地的农民运动如火如荼地开展起来。

■ 1924 年春，广州市郊、花县、番禺等地农民运动兴起。7 月，广州市郊芳村、花地、涌口、招村、联合围农民在彭湃、阮啸仙、罗绮园的发动下，成立市郊第一区农会，林宝宸为执行委员长。图为林宝宸

■ 广州市郊农民协会牌（残存）

■ 1924 年 10 月 19 日，花县农协在阮啸仙的主持下成立，黄学增、王福三分别为正副委员长。图为花县农运领导人王福三

■ 广州市郊农民在农会发动下举行游行，争取市长选举权

■ 1925 年 5 月 1 日，广东省第一次农民代表大会在广州召开，决定成立广东省农民协会，选举罗绮园、彭湃和阮啸仙为常务委员。广东省农协是全国第一个省级农民协会。图为广东省农民协会旧址

■ 1926年5月1日，广东省农民第二次代表大会在广州召开，选举罗绮园、彭湃、阮啸仙、周其鉴、蔡如平为广东省农民协会第二届常务委员。图为省农协常委在开会，左三为彭湃

■ 出席广东省农民第二次代表大会的有来自广东48个县和广州市郊的代表共214人，广西、湖南等省派代表参加，安徽、热河两省寄来农运书面材料。这次大会实际上起了全国农民代表大会的作用。图为广东省农民第二次代表大会代表合影

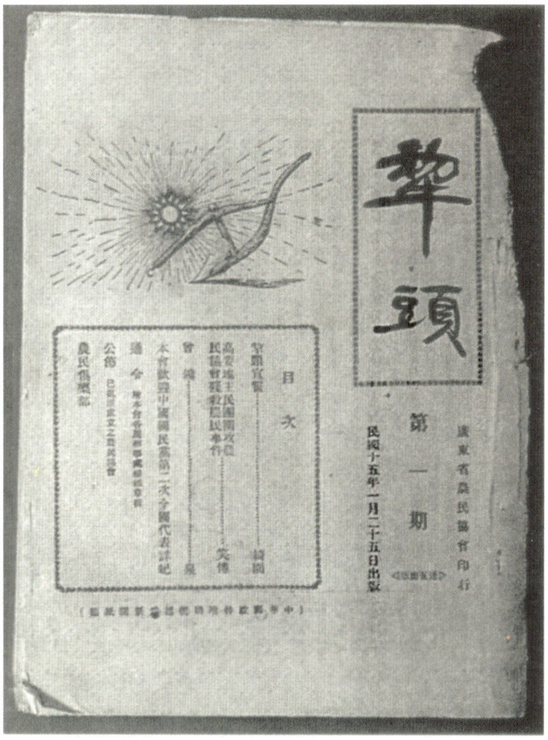

■ 广东省农民协会机关刊物《犁头》

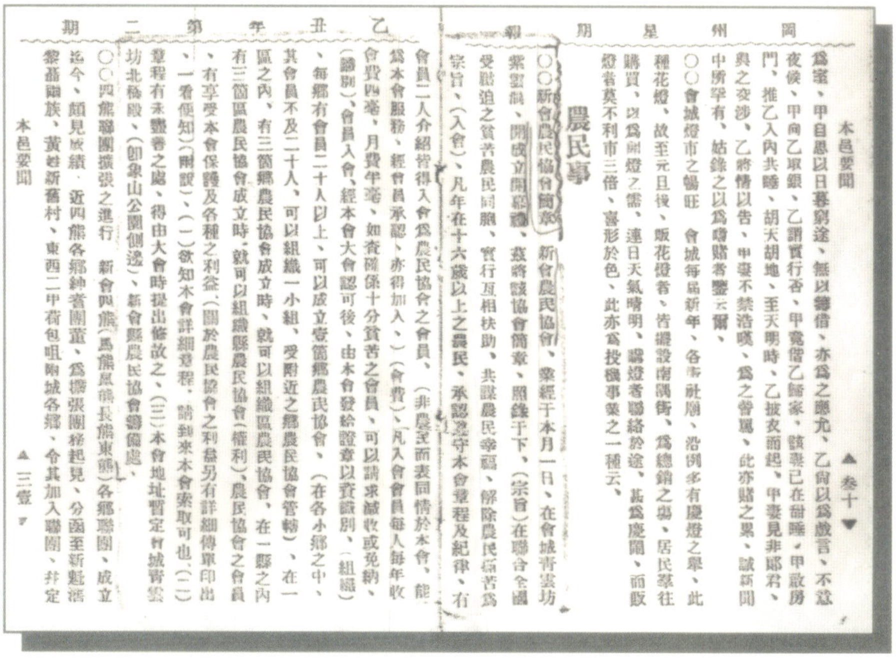

岡州星期報　乙丑年第二期

本邑要聞 ▲叁十▼

為害、甲自思以日暮窮途、無以籌借、亦為之應允、乙尙以為戲言、不意夜候、甲向乙取銀、乙謂實行否、甲竟偕乙歸家、該妻已在帳睡、甲啟房門、推乙入內共睡、胡天胡地、至天明時、乙披衣而起、甲妻見非郎君、與之交涉、乙將情以告、甲妻不禁浩嘆、為之詈罵、此亦賭之果、誠新聞中所罕有、姑錄之以為嗜賭者鑒云爾、

○○會城燈市之暢旺　會城每屆新年、各街社廟、沿例多有慶燈之舉、此種花燈、故至元旦後、販花燈者、皆擺設南關街、為總銷之場、居民萃往購買、以為開燈之需、連日天氣晴明、購燈者絡繹於途、甚為慶鬧、而販燈者莫不利市三倍、喜形於色、此亦為投機事業之一種云、

農民事

○○新會農民協會簡章　新會農民協會、業經于本月一日、在會城青雲坊紫雲祠、開成立開幕禮、茲將該協會簡章、照錄于下、(宗旨)在聯合全國受壓迫之貧苦農民同胞、實行互相扶助、共謀農民幸福、解除農民痛苦為宗旨、(入會)、凡年在十六歲以上之農民、承認遵守本會章程及紀律、有會員二人介紹皆得入會為農民協會之會員、(非農民而表同情於本會、能為本會服務、經會員承認、亦得加入、)(會費)、凡入會會員每人每年收會費四毫、月費半毫、如查確係十分貧苦之會員、可以請求減收或免納、(證別)、會員入會、經本會大會認可後、由本會發給證章以資識別、(組織)、每鄉有會員二十人以上、可以成立壹個鄉農民協會、(在各小鄉之中、其會員不及二十人、可以組織一小組、受附近之鄉農民協會管轄)、在一區之內、有三個鄉農民協會成立時、就可以組織區農民協會、在一縣之內有三個區農民協會成立時、就可以組織縣農民協會(權利)、農民協會之會員、有享受本會保護及各種之利益、(關於農民協會之利益另有詳細傳單印出、一看便知)(附說)、(一)欲知本會詳細章程、請到來本會索取可也、(二)章程有未盡善之處、得由大會時提出修改之、(三)本會地址暫定會城青雲坊北極殿、(即象山公園側邊)、新會縣農民協會籌備處、

○○四熊聯團擴張之進行　新會四熊(為熊昌、熊長、熊東鄉)各鄉聯團、成立迄今、頗見成績、近四熊各鄉紳耆團董、為擴張團務起見、分函至新魁[illegible]黎蕃兩族、黃姓新舊村、東西二甲荷包咀附城各鄉、令其加入聯團、并定

本邑要聞 ▲三壹▼

■ 江门新会县农民协会简章

■ 东莞霄边、锦厦等乡农民为废除30余种苛捐而开展斗争并取得胜利，在此基础上，建立了东莞第一个区级农会——东莞县第一区农民协会。图为该区农会成立大会盛况

農會會員証

惠陽

高潭

約　鄉

不勞動不得食

宜同心宜協力

年　月　日

■ 惠州高潭农会会员证

■ 广东省农民协会潮梅海陆丰办事处旧址（历史照片）

贰 / 工农武装初步建立

1923 年 6 月，中国共产党第三次全国代表大会在广州召开，大会决定共产党员以个人身份参加国民党、与国民党建立革命统一战线。

■ 1923 年春，中共中央从上海迁至广州。6 月 12 日至 20 日，中共三大召开。会议期间，陈独秀、李大钊、毛泽东、蔡和森和共产国际代表马林等在春园办公和居住。会后，第三届中央委员会全体会议也在这里召开。图为中共中央机关旧址——春园

■ 1923年6月，中国共产党第三次全国代表大会在广州召开，决定建立革命统一战线，实行国共合作。会前，中共广东区委负责租房、租家具、安排代表食宿等准备工作，派代表谭平山、阮啸仙、刘尔崧、冯菊坡等出席了大会。图为中共三大会址旧貌

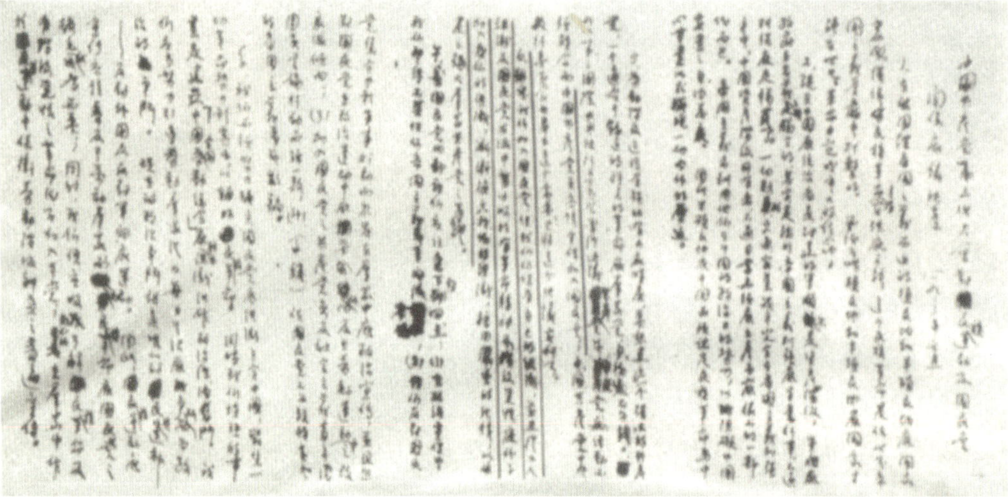

■ 中共三大通过了《关于国民运动及国民党问题的议决案》，最终确立了同国民党进行党内合作的方针，决定共产党员以个人身份加入国民党。图为大会通过的决议案及宣言

在中国共产党人的帮助下，孙中山对国民党进行了改组，促成了第一次国共合作。

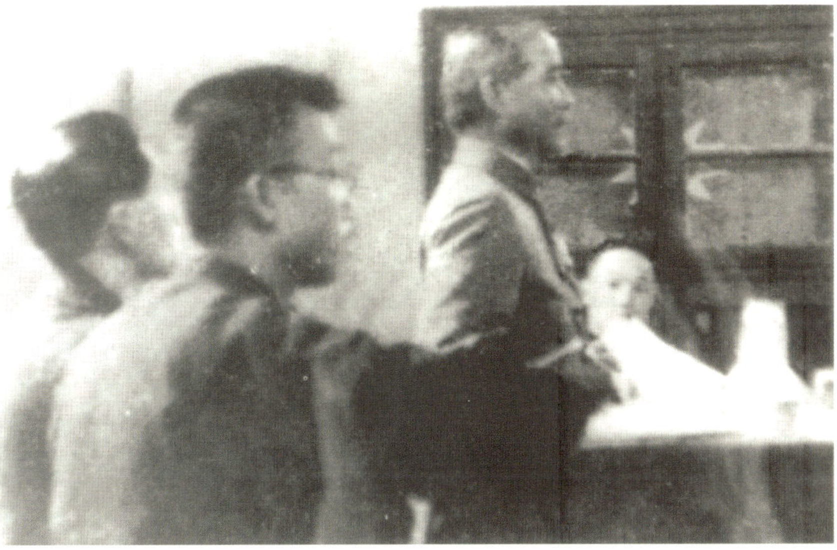

■ 1924年1月20日至30日，中国国民党第一次全国代表大会在广州召开。共产党人李大钊被孙中山指定为大会主席团成员。国民党一大的召开，标志着第一次国共合作的正式形成。图为孙中山在大会上致开幕词

■ 中国国民党第一次全国代表大会会址（原广州国立高等师范学校）

■ 国民党一大会场

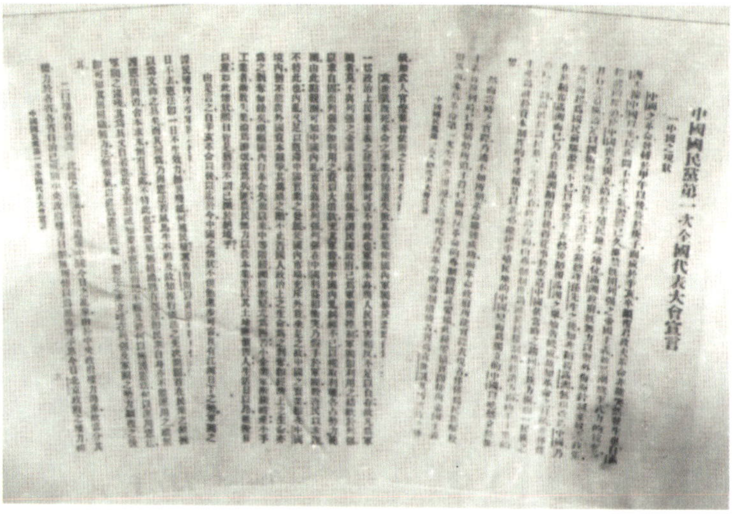

中國國民黨第一次全國代表大會宣言

一 中國之現狀

■ 国民党一大通过《中国国民党第一次全国代表大会宣言》，事实上确立了联俄、联共、扶助农工的三大革命政策，从而将旧三民主义发展成为新三民主义

国共合作形成后，中国共产党和国民党共同进行了创办黄埔军校、镇压商团叛乱、平定杨刘叛乱、东征、南讨、北伐战争等，掀起了轰轰烈烈的国民革命运动。

1924 年 5 月，在中国共产党的倡议和苏联政府的帮助下，广东革命政府在广州黄埔长洲岛创办了陆军军官学校（亦称黄埔军校），培训军事政治干部，把黄埔军校作为建立革命武装的基地。图为黄埔军校正门

在中国共产党的支持和帮助下，黄埔军校培养出大批军政人才，其中的共产党员更是革命武装的核心和中坚力量。这支革命武装，在统一和巩固广东革命根据地以及北伐战争中，起了重要的作用。大革命失败后，军校不少师生还成了中国共产党在各地发动武装起义的组织者和工农武装的指挥员。图为坐落在黄埔长洲岛的东征烈士墓园

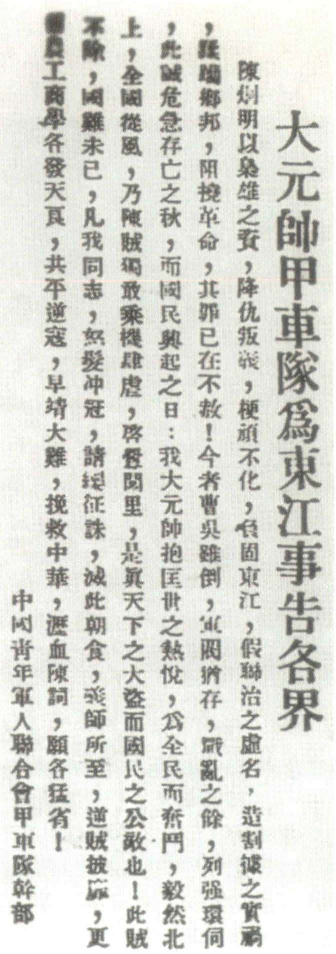

大元帥甲車隊爲東江事告各界

陳炯明以梟雄之資，降仇叛義，梗頑不化，負固東江，假聯治之虛名，造割據之實禍，踐躪鄉邦，阻撓革命，其罪已在不赦！今者曹吳雖倒，軍閥猶存，戰亂之餘，列强環伺，此誠危急存亡之秋，而國民興起之日：我大元帥抱匡世之熱忱，爲全民而奮鬥，毅然北上，全國從風，乃陳賊竊敢乘機肆虐，荼毒閭里，是眞天下之大盜而國民之公敵也！此賊不除，國難未已，凡我同志，怒髮冲冠，請纓征誅，滅此朝食，義師所至，逆賊披靡，更冀農工商學各發天良，共平逆寇，早靖大難，挽救中華，瀝血陳詞，願各猛省！

中國青年軍人聯合會甲車隊幹部

■ 1924年冬，中共广东区委成立了中共历史上第一个军事机构——中共广东区委军事运动委员会，周恩来任书记，并尝试组建由共产党单独掌握的革命武装——铁甲车队。图为1925年3月《中国军人》第二号上登载的铁甲车队为东征讨伐陈炯明事告各界书

■ 1925年11月，中共广东区委征得国民政府同意，将铁甲车队扩编为第四军十二师三十四团，由共产党员叶挺任团长。营、连的军官大多数由共产党员担任。图为该团团长叶挺

盘踞粤东的陈炯明趁孙中山北上之机，在帝国主义的支持下，举兵进犯广州，企图推翻广州革命政府。1925 年 2 月，在中国共产党的支持下，广州革命政府举行第一次东征。图为参加东征的黄埔军校教导团

1925 年 2 月，周恩来作为黄埔军校政治部主任随军东征。4 月 26 日，东征军占领梅县。图为梅县总商会召开祝捷和欢迎东征军大会，前排中为周恩来

■ 1925年10月，国民政府举行第二次东征。10月14日，以共产党员和共青团员为骨干的“攻城先锋队”以死伤官兵400余人的代价，攻克素称“天险”的惠州。图为惠州城被攻克后的情景

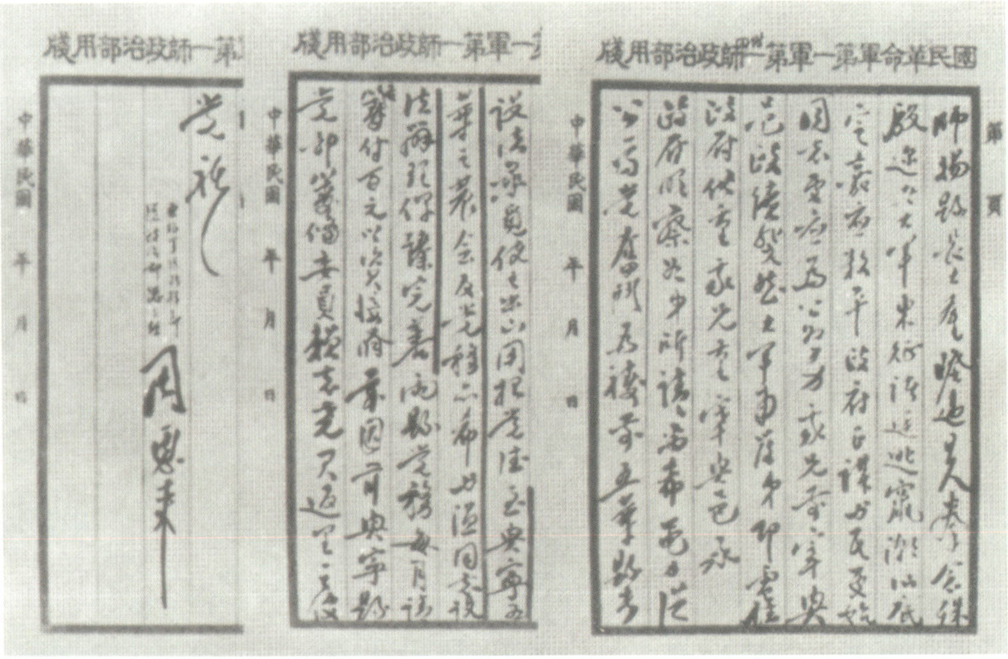

■ 周恩来在东征期间写给广东兴宁县长的信，要他搞好农会，支持东征

广州各界代表赴潮汕慰问军队和行政人员

东征军攻占潮梅后，东征军总政治部撤销，成立东江各属行政公署，周恩来被任命为行政委员，主政东江。图为位于汕头市的东江各属行政公署旧址

■ 汕头市东征军革命史迹陈列馆大门

■ 国民革命军东征军总指挥部、总政治部旧址东、西两楼

■ 1925 年，经过第二次东征和南征，国民革命军统一了广东全境。1926 年，随着两广统一的实现，广东革命根据地进一步扩大，力量明显增强，国民革命军北伐成了大势所趋。图为广州各界群众游行示威，请愿北伐

在国民革命的推动下，从 1924 年开始，由中国共产党掌握的广东各地的工团军、农团军、罢工工人纠察队、农民自卫队等工农武装如雨后春笋般建立。此外，大元帅大本营铁甲车队、叶挺独立团等正规武装也建立起来。工农武装的初步建立，为“四一五”反革命政变后各地的武装暴动打下了基础。

大革命时期中共广州地委、广东区委掌握的主要革命武装

广东工团军	1924 年 8—10 月
广东农民自卫军	1924 年 8—10 月
省港罢工工人纠察队	1925 年 7 月—1926 年 10 月
大元帅大本营铁甲车队	1924 年冬成立
叶挺独立团	1925 年 11 月

资料来源：中共广东省委组织部、中共广东省委党史研究室、广东省档案馆：《中国共产党广东省组织史资料》（上册），中共党史出版社 1994 年版。

■ 1924年8月19日，广州工人代表会作出编练工团军的决议，决定从所属各工会中遴选出300名青壮年工人成立工团军。8月27日，广东工团军成立，由共产党员施卜任团长

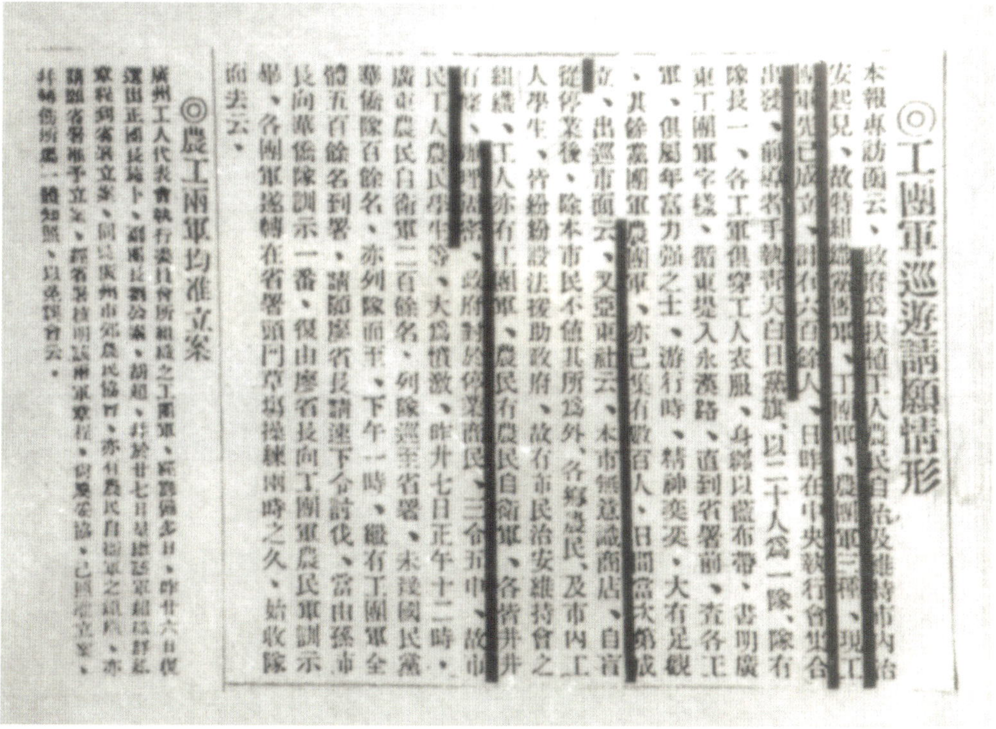

◎工團軍巡遊請願情形

本報專訪函云、政府為扶植工人農民自治及維持市內治安起見、故特組[redacted]、其餘農團軍[redacted]立、出巡市面云、又亞東社云、本市無意識商店、自當[redacted]從停業後、除本市民不值其所為外、各鄉遠民、及市內工人學生、皆紛紛設法援助政府、故有市民治安維持會之組織、工人亦有工團軍、[redacted]民工人農民學生等、大為憤激、昨廿七日正午十二時、廣東農民自衛軍二百餘名、列隊巡至省署、未幾國民黨衛隊百餘名、亦列隊而至、下午一時、繼有工團軍全體五百餘名到署、請願廖省長請速下令討伐、當由孫市長向黨衛隊訓示一番、復由廖省長向工團軍農民軍訓示畢、各團軍遂轉在省署頭門草場操練兩時之久、始收隊而去云、

◎農工兩軍均准立案

■ 有关工团军巡游请愿情形的报道

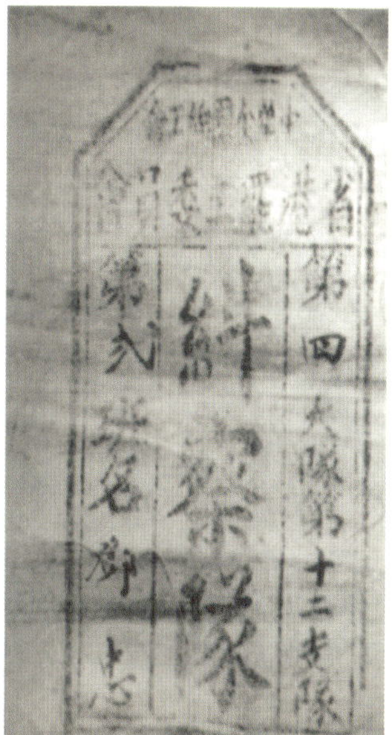

■ 1925 年，省港罢工委员会成立罢工工人纠察队，全面封锁香港。左图为工人纠察队操练，右图为工人纠察队臂章

■ 罢工工人纠察队在珠江巡逻

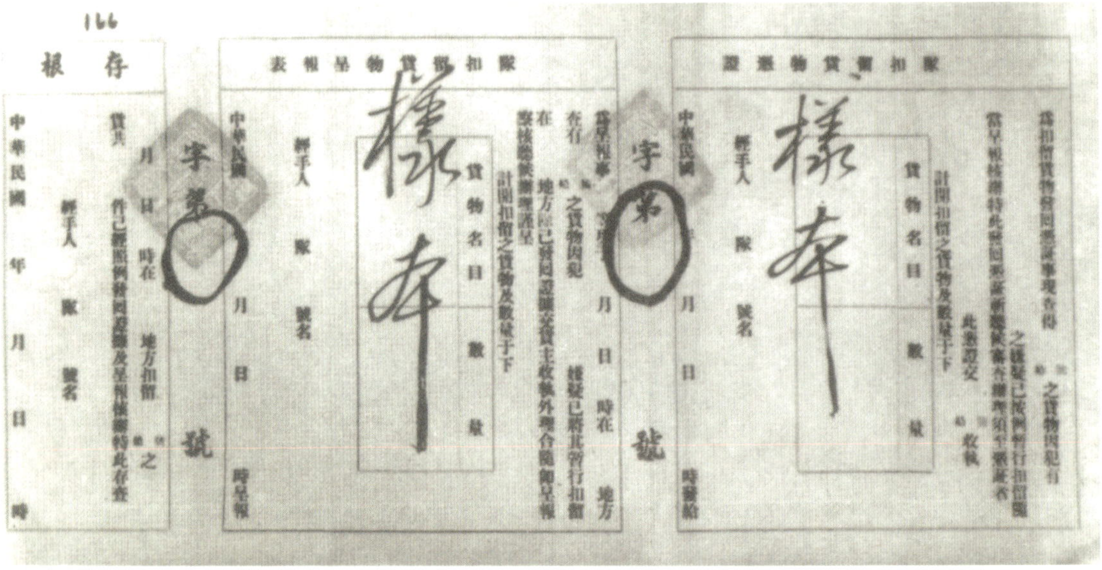

■ 工人纠察队扣留供港物资凭证

■ 1924年8月，广州商团从香港私运大批武器到广州，被广州革命政府扣留。商团趁机闹事，蓄谋发动武装叛乱。图为商团偷运军火的轮船——哈佛号

■ 中共广州地委主张坚决回击商团叛乱，并在广州工会中挑选300多名青年工人组成工团军，捍卫革命政府。第二届广州农讲所200多名学员组成农团军，移驻省长公署。图为孙中山在检阅工团军和农团军队伍

■ 在共产党人的积极推动和支持下，孙中山下令镇压商团武装。在工团军和农团军的积极配合下，革命军全歼商团武装，扑灭了叛乱。图为工团军与商团武装激战的地方

大革命时期广东各地工农武装

中路地区	南海县南浦农团军	1924 年 5 月—1927 年 4 月
	花县农民自卫军	1924 年 11 月—1928 年 2 月
	清远县农民自卫军	1925 年 5 月—1927 年 4 月
	新会县（含江门）农民赤卫队	1925 年成立
	东莞县农民自卫军成立	1925 年 5 月成立
	三水县革命工人联合会工人纠察队	1926 年 5 月成立
	佛山工人代表大会工人自卫队	1925 年春—1927 年 4 月
西江地区	广宁县农民自卫军、农民自卫大队	1924 年 10 月—1927 年 4 月
	广宁县农军模范队	1926 年 12 月—1927 年 4 月
	罗定县农民自卫总队	1926 年 6 月—1927 年 4 月
	郁南县农民自卫军	1926 年 4 月—1927 年 10 月
	高要县农民自卫军	1926 年 3 月—1927 年 10 月
	鹤山县农民自卫军第一大队	1926 年春—1927 年 12 月
	广东省西江拥护武汉政府大同盟农军临时指挥部	1927 年 4—7 月
惠州地区	海陆丰农民自卫军大队	1925 年 3 月—1927 年 4 月
	紫金县农民自卫军大队	1925 年 12 月—1927 年 4 月
	龙川县农民自卫军总队	1926 年 6 月—1927 年 7 月
	惠阳县平山农军联防办事处	1926 年 3 月成立
	惠潮梅农工救党军	1927 年 5—8 月
潮梅地区	汕头工人纠察队	1925 年 7 月成立
	农民自卫军独立营	1925 年 9—10 月
	潮阳县农民自卫军大队	1926 年 11 月—1927 年 4 月
	潮安县农民自卫军模范队	1926 年 11 月—1927 年 4 月
	惠来县农民自卫军模范队	1926 年冬—1927 年 4 月
	饶平县农民自卫军	1926 年 10 月—1927 年 7 月
	普宁县农民自卫军大队、农民自卫军基干大队	1926 年 1 月—1927 年 5 月
	澄海县农民自卫军模范队	1926 年 11 月—1927 年 7 月
	兴宁县农民义勇队	1926 年 10 月成立
	五华县农民自卫军大队、工农讨逆军大队	1925 年 12 月—1927 年 7 月
	丰顺县农民自卫军	1926 年 11 月成立
	梅县武装斗争委员会、梅县工人武装大队	1927 年 4—5 月

（续上表）

北江地区	北江农军学校	1926 年 12 月—1927 年夏
	南韶连政治讲习所	1927 年 1 月—夏
	北江工农自卫军	1927 年 4 月成立
	曲江县农军大队	1926 年春—1927 年夏
	乐昌县农军自卫军	1926 年夏—1927 年
	英德县农民自卫军	1926—1927 年春
	仁化县农民自卫军	1927 年 4 月成立
	南雄县农民自卫军	1926 年—1927 年 4 月
琼崖地区	琼崖锁港纠察委员会	1926 年 2—10 月
	琼东县农民自卫总团、农民武装大队	1926 年 6 月—1927 年 5 月
	万宁县农军	1926 年 5 月—1927 年 4 月
	文昌县农军	1926 年冬成立
	临高县农民自卫军	1926 年冬—1927 年冬
	儋县农民自卫军	1926 年 10 月—1927 年 7 月
	安定县农民武装	1927 年成立
	陵水县农军	1927 年 5 月成立
	琼崖讨逆革命军	1927 年 7 月成立
南路地区	省港罢工工人纠察队驻雷州办事处和驻阳江截缉工作组	1925 年 12 月—1926 年 10 月
	遂溪县乐民起义大队	1927 年 5 月成立
	海康县农民自卫军	1926 年 4 月—1927 年 4 月
	吴川县农民自卫军大队	1926 年 5 月成立
	阳江县农民自卫军	1926 年 4 月—1927 年 4 月
	化县农民自卫军大队	1926 年 9 月—1927 年 9 月
	援助省港大罢工北海纠察队	1925 年 11 月成立

资料来源：中共广东省委组织部、中共广东省委党史研究室、广东省档案馆编：《中国共产党广东省组织史资料》（上册），中共党史出版社 1994 年版。

■ 1924年11月，花县农民自卫军成立，并于1927年12月参加广州起义。图为花县农民自卫军合影

■ 1924年底，彭湃在芳村谢家祠主办广州市郊农民自卫军模范队训练班，赵自选为教官。图为芳村谢家祠旧址

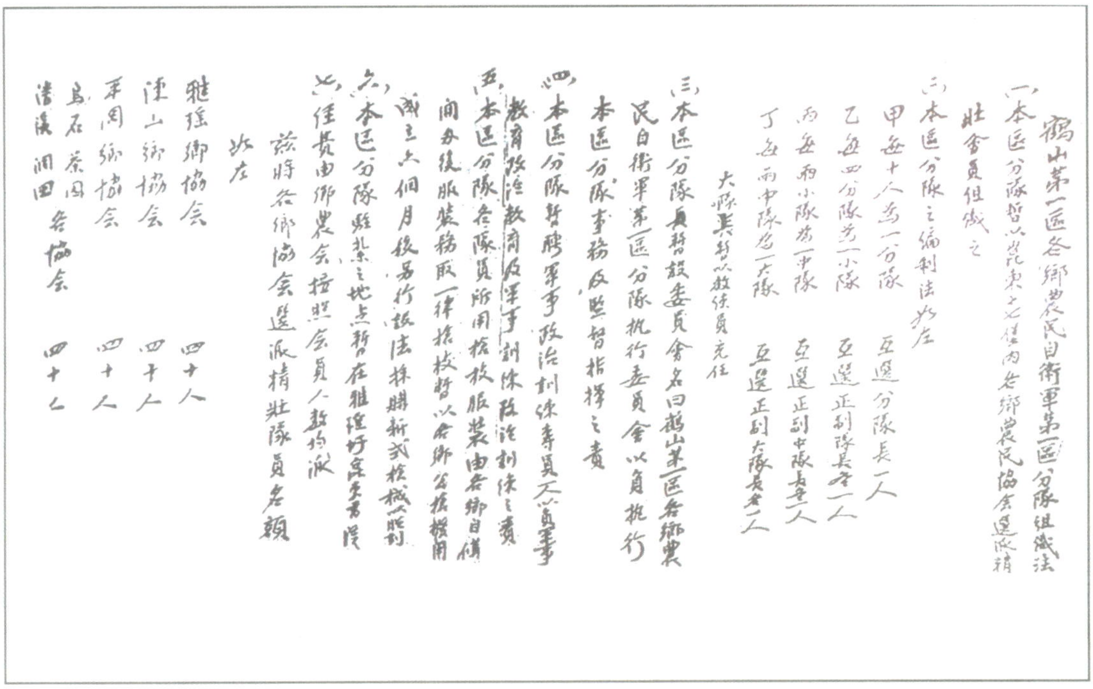

鹤山第一区各乡农民自卫军第一区分队组织法

(一)本区分队暂以农民之已经由各乡农民协会选派精壮会员组织之

(二)本区分队之编制法如左

甲 每十八人为一分队 互选分队长一人

乙 每四分队为一小队 互选正副队长各一人

丙 每两小队为一中队 互选正副中队长各一人

丁 每两中队为一大队 互选正副大队长各一人

大队长暂以教练员充任

(三)本区分队员暂设委员会名曰鹤山第一区各乡农民自卫军第一区分队执行委员会以负执行本区分队事务及监督指挥之责

(四)本区分队暂聘军事政治训练专员各一人以负军事教育政治教育及军事训练政治训练之责

(五)本区分队各队员所用枪枝服装由各乡自备开办后服装务取一律枪枝暂以各乡公枪拨用成立六个月后另行设法添购新式枪械以[illegible]

(六)本区分队驻扎之地点暂在雅瑶圩[illegible]

(七)队员由乡农会按照会员人数均派兹将各乡协会选派精壮队员名额列左

雅瑶乡协会 四十人

陈山乡协会 四十人

平岗乡协会 四十人

乌石 茶园

清溪 涧田 [illegible]各协会 四十人

■ 江门鹤山第一区农民自卫军组织法

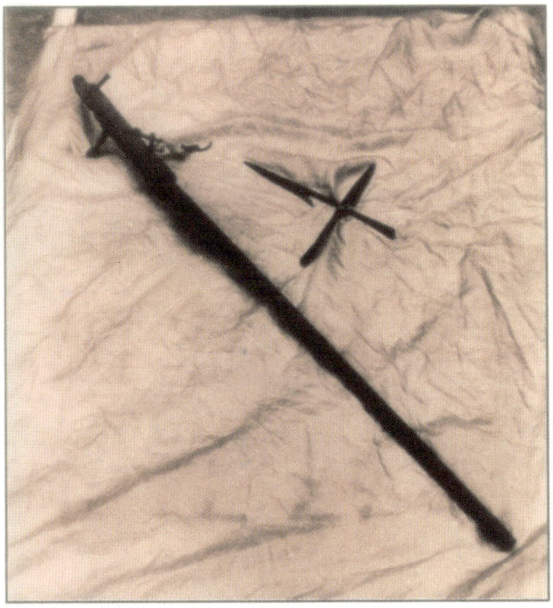

■ 江门农民自卫军使用的武器和斗笠

■ 1926年10月，党组织发动新宁铁路工人和新会、开平的工人纠察队、农民自卫军2000余人，攻打盘踞在公益机器厂的反动势力“六大寇”并大获全胜。图为台山公益火车站

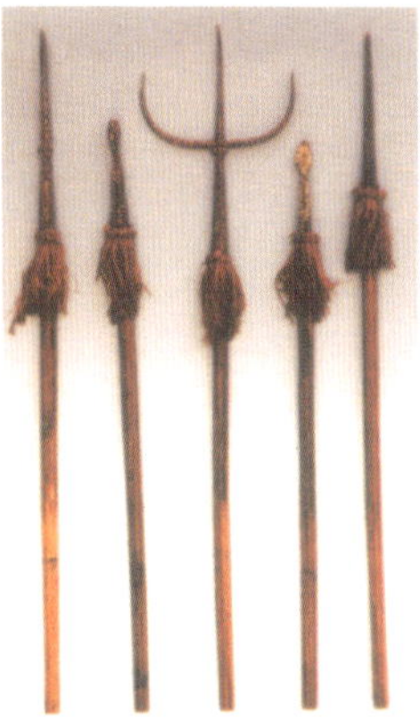

■ 惠州惠东县高潭区农民自卫军使用过的武器

■ 高潭农军使用的海螺号

■ 中共广东区委支持国民政府早日出师北伐。1926年，中共广东区委组建和掌握的叶挺独立团担任北伐先遣队。图为叶挺独立团团部旧址——肇庆阅江楼

■ 1926年5月20日，叶挺独立团作为北伐先遣队挺进湖南，揭开了北伐战争的序幕。图为行进中的北伐队伍

■ 1926年6月4日，国民党中央执行委员会临时全体会议通过了《国民革命军出师北伐案》。7月9日，国民革命军在广州东较场誓师北伐

■ 北伐军一路势如破竹，受到工农群众热烈拥护

第二章

回击·夏季讨蒋

1927 年 4 月 15 日，国民党反动派在广东发动反革命政变，标志着以国共两党合作为基础的革命统一战线在广东已经破裂。面对国民党反动派的大屠杀，广东各级党组织毅然发动和领导了各地的革命群众举行声势浩大的夏季讨蒋武装起义。海丰、陆丰、紫金、普宁、梅县等地，一度建立起县级人民政权。这一系列武装起义表现了共产党人和工农群众在敌人的血腥屠杀面前奋起抗争的大无畏精神，为中国共产党探索武装夺取政权的道路作了有益的尝试。

壹 / 武装起义奋起反抗

中国共产党和工农革命力量的蓬勃发展，引起国民党右派的恐惧和仇视。从 1926 年 3 月开始，国民党右派制造了中山舰事件和《整理党务案》等一系列打击共产党、摧残工农革命力量的事件。1927 年 4 月 12 日，以蒋介石为首的国民党反动派突然在上海发动反革命政变。4 月 15 日，广东国民党反动派与上海四一二反革命政变相呼应，在广州大肆逮捕共产党人和革命群众，全省各地相继处于白色恐怖之中。

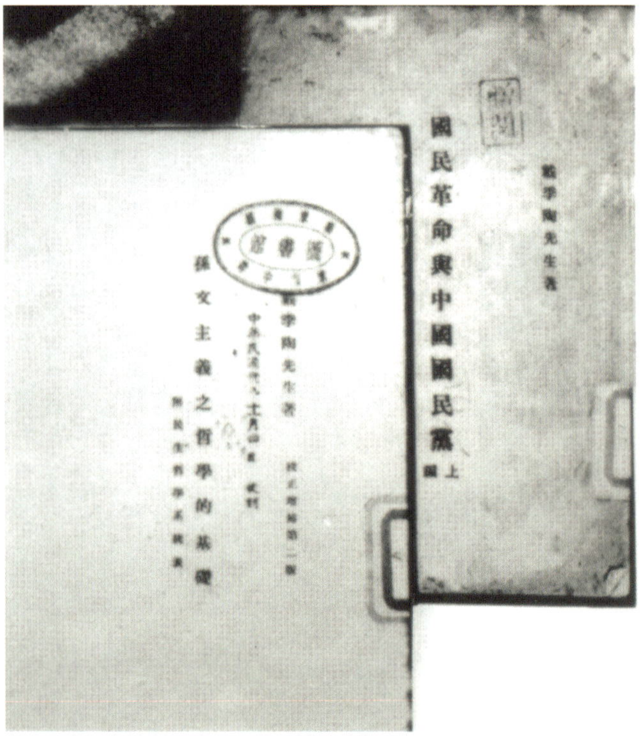

■ 1925 年，孙中山逝世后，国民党内部加速分化。六七月间，同蒋介石有密切关系的国民党新右派戴季陶先后发表了《孙文主义之哲学的基础》《国民革命与中国国民党》等小册子，为国民党新老右派反共夺权作舆论准备

■ 1925 年 8 月 20 日，国民党左派领袖廖仲恺在广州被暗杀，给国共合作事业造成重大打击。图为廖仲恺

■ 1926 年 3 月 20 日，蒋介石制造了反共的中山舰事件，逮捕海军局代理局长、共产党员李之龙，软禁前去交涉的周恩来，派兵包围省港罢工委员会和苏俄顾问处，诬蔑共产党阴谋暴动，企图夺取军政大权。图为蒋介石的调舰公函和中山舰

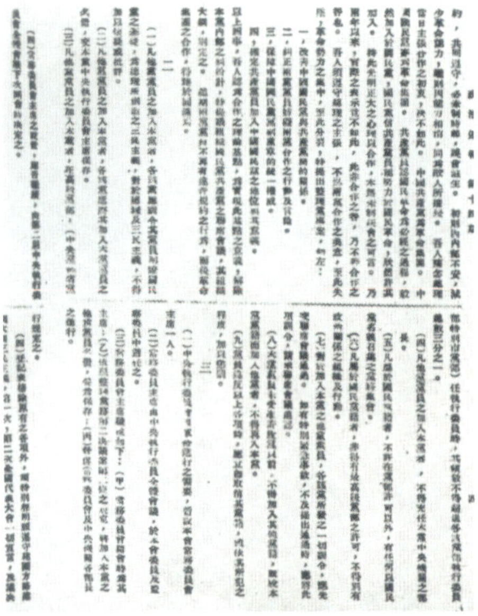

■ 1926 年 5 月 15 日，国民党在广州召开二届二中全会，会议通过了蒋介石提出的限制共产党的《整理党务案》。图为《军事政治周报》第三期刊载的《整理党务案之第二决议案》

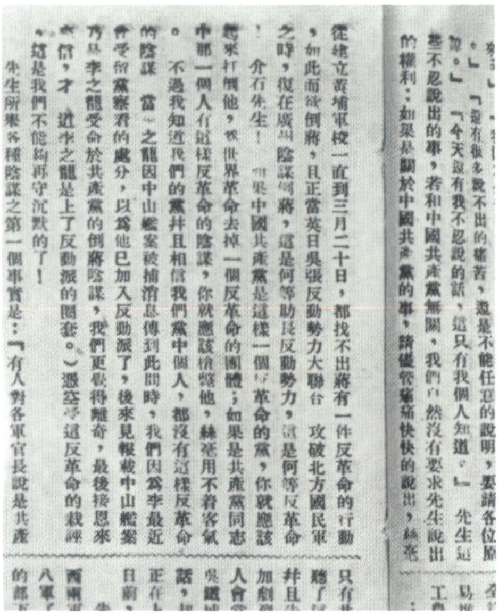

「還有很多說不出的痛苦，還是不能任意的說明，要請各位原諒。」「今天還有我不忍說的話，這只有我個人知道。」先生這些不忍說出的事，若和中國共產黨無關，我們自然沒有要求先生說出的權利；如果是關於中國共產黨的事，請儘管痛痛快快的說出，絲毫

從總立黃埔軍校一直到三月二十日，都找不出蔣有一件反革命的行動，如此而欲倒蔣，且正當英日吳張反動勢力大聯合攻破北方國民軍之時，復在廣州陰謀倒蔣，這是何等助長反動勢力，這是何等反革命！介石先生！如果中國共產黨是這樣一個反革命的黨，你就應該起來打倒他，為世界革命去掉一個反革命的團體；如果是共產黨同志中那一個人有這樣反革命的陰謀，你就應該槍斃他，絲毫用不着客氣。不過我知道我們的黨並且相信我們黨中個人，都沒有這樣反革命的陰謀。當之龍因中山艦案被捕消息傳到此間時，我們因為李最近曾受留黨察看的處分，以為他已加入反動派了，後來見報載中山艦案乃是李之龍受命於共產黨的倒蔣陰謀，我們更覺得離奇，最後接恩來來信，才知道李之龍是上了反動派的圈套。）憑空造這反革命的栽誣，這是我們不能再守沉默的了！

先生所舉各種陰謀之第一個事實是：「有人對各軍官長說是共產

■ 迫于共产国际的压力，在对国民党右派的问题上，陈独秀采取了妥协退让的方针。图为陈独秀给蒋介石的一封公开信

■ 陈独秀的妥协退让并不能让国民党右派满足。1927 年 4 月 12 日，蒋介石集团在上海公开叛变革命，制造了反革命政变，大肆屠杀共产党人和革命群众

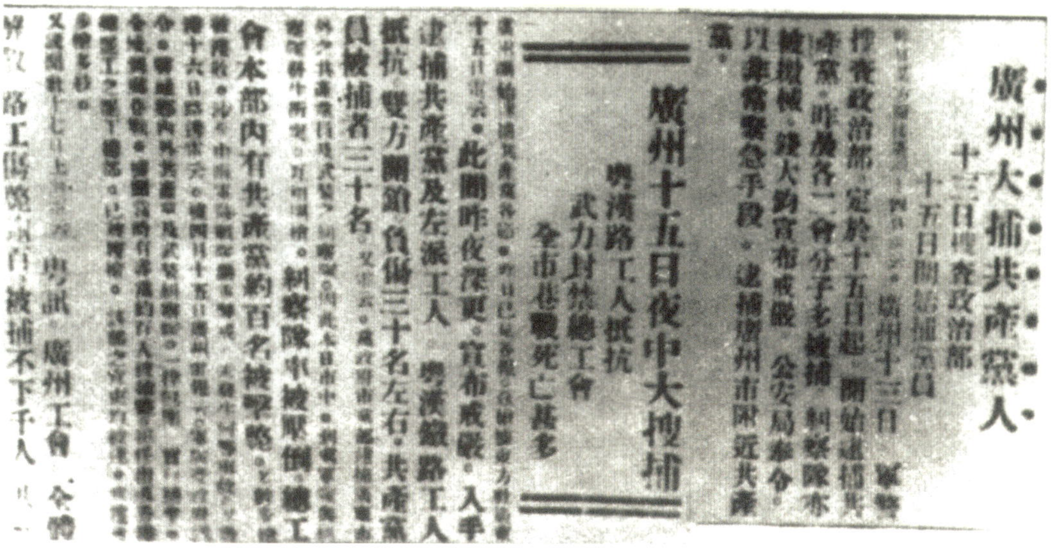

廣州大捕共產黨人

十三日搜查政治部

十五日開始捕黨員

搜查政治部，定於十五日起，開始逮捕共產黨，昨晚各□會分子多被捕，糾察隊亦被繳械，錢大鈞宣布戒嚴，公安局奉令以非常緊急手段，逮捕廣州市附近共產黨。

廣州十五日夜中大搜捕

粵漢路工人抵抗

武力封禁總工會

全市巷戰死亡甚多

■ 1927 年 4 月 15 日，广州国民党当局跟随蒋介石叛变，杀害共产党人和革命群众。图为国民党反动派杀害共产党员和革命群众的有关报道

處置各地共籍叛亂分子咨文

■ 国民党“清党”委员会发表的“清党”公文

本校搜捕共產分子情形

本校前日，（十八號）上午六點鐘，各學生隊分別召集，所有學生，在俱樂部聚會，將共產份子挑出，計有二百餘人，概行解往中山艦拘留，當時毫無抵抗，即行解決了。

■ 1927 年 4 月 18 日，黄埔军校大肆搜捕共产党人。图为《广州民国日报》的报道

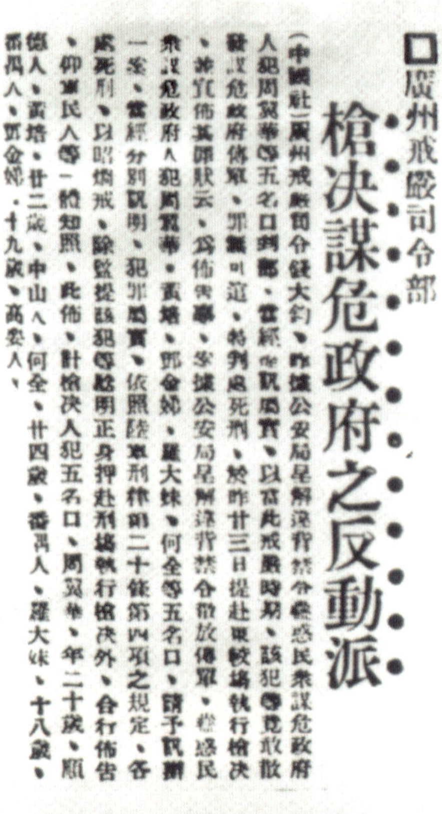

□廣州戒嚴司令部

槍決謀危政府之反動派

（中國社）廣州戒嚴司令錢大鈞、昨據公安局呈解違背禁令蠱惑民衆謀危政府人犯周貿華等五名口到部、當經審訊屬實、以當此戒嚴時期、該犯等竟敢散發謀危政府傳單、罪無可逭、特判處死刑、於昨廿三日提赴東較場執行槍決、並宣佈其罪狀云、爲佈告事、案據公安局呈解違背禁令散放傳單、蠱惑民衆謀危政府人犯周貿華、黃婦、鄧金娣、羅大妹、何全等五名口、請予訊辦一案、當經分別訊明、犯罪屬實、依照陸軍刑律第二十條第四項之規定、各處死刑、以昭儆戒、除飭提該犯等驗明正身押赴刑場執行槍決外、合行佈告、仰軍民人等一體知照、此佈、計槍決人犯五名口、周貿華、年二十歲、順德人、黃培、廿二歲、中山人、何全、廿四歲、番禺人、羅大妹、十八歲、番禺人、鄧金娣、十九歲、高要人、

■ 1927 年 4 月 25 日，《广州民国日报》登载有关邓金娣、罗大妹、何全等共产党人被捕牺牲的消息

广东武装反抗的枪声从“四一五”反革命政变的当天就开始打响。在中共广东区委及各地党组织的领导下，广东全省率先掀起了反抗国民党反动派屠杀政策和讨伐蒋介石的武装起义。

■ 1927 年 4 月 15 日，中共澄海县部委发动和组织了 5000 多名农军和上万名农民举行武装起义。图为起义指挥部旧址——杜氏宗祠

■ 1927 年 4 月 15 日，五华县农军和群众上万人将前来“围剿”的反动军队 1000 多人击溃。图为五华农军领导人古大存

■ 1927 年 4 月 16 日，揭阳县国民党反动派集中兵力围攻农军。激战数日后，农军于 21 日一举攻占炮台镇。农军驻镇三天，没收反动分子财产，时称"三日红"。图为"三日红"旧址——关帝庙

■ 1927 年 4 月 17 日，博罗县蓝田乡 200 多名农军、群众抗击河源县国民党反动军警的进犯，经过一天激战，击退敌人。图为农军驻地旧址——蓝田庙

■ 1927年4月18—19日，在国民党普宁县党部工作的共产党员及国民党左派从县城撤至大坝，成立普宁县临时人民政府，由国民党左派李志前任县长，并公布取消苛捐杂税等政纲，发布讨蒋宣言。图为普宁县临时人民政府旧址——九江陈氏祖祠

■ 1927年4月18—19日，潮阳、惠来、揭阳等县的干部和武装人员抵达普宁，并于20日在林惠山村三山国王庙成立潮普惠三县军事委员会。23日组织5000余人举行“四二三”武装暴动，围攻普宁县城，并于26日全歼敌人援军一个连。图为潮普惠三县军事委员会旧址

■ 1927年4月26日，潮安工农武装配合普宁县在平径山围歼国民党正规军一个连。图为平径山战场遗址

■ 1927 年 4 月 25 日，英德县人民团体联合会领导工农兵武装队伍举行暴动，一举攻占英德县署。接着召开群众大会，处决了代理县长等反动官员，宣布成立英德县政府委员会。图为英德县政府委员会成立地旧址

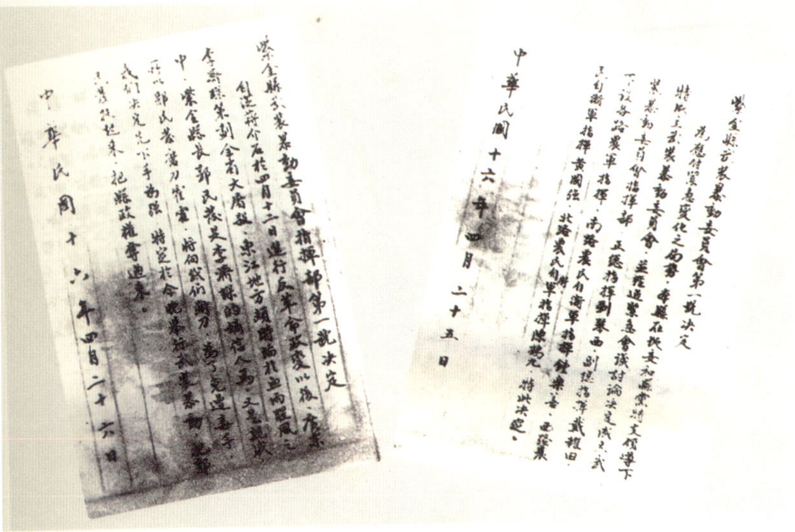

紫金縣武裝暴動委員會指揮部第一號決定

中華民國十六年四月二十六日

紫金縣武裝暴動委員會第一號決定

中華民國十六年四月二十五日

■ 1927 年 4 月 25 日，紫金县成立暴动委员会，26 日成立暴动指挥部。26 日晚农军 1000 余人攻占紫金县署、县警署。图为《紫金县武装暴动委员会第一号决定》（右）和《紫金县武装暴动委员会指挥部第一号决定》（左）

■ 1927 年 4 月 30 日，惠阳平山起义爆发，农军 300 多人进攻平山镇。由于事先泄露，起义目标未能实现。图为起义领导人之一罗焕荣烈士之墓

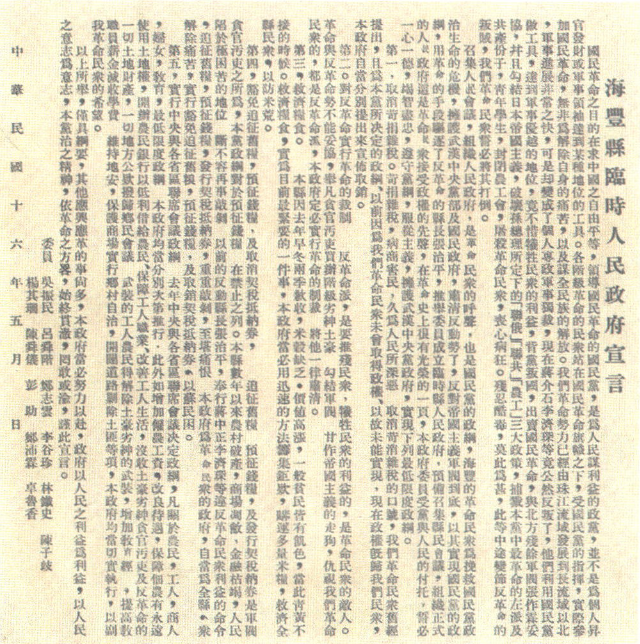

海豐縣臨時人民政府宣言

國民革命之目的在求中國之自由平等，領導國民革命的國民黨，是爲人民謀利益的政黨，並不是爲個人昇官發財或軍事領袖達到某種地位的工具。各階級革命的民衆站在國民革命旗幟之下，受國民黨的指揮，實際參加國民革命，無非爲解除自身的痛苦，以及謀全民族的解放。我們革命勢力已經由珠江流域發展到長江流域以北，軍事進展非常之快，可是却變成了個人專政軍事獨裁，現在蔣介石李濟琛等竟公然反叛了，他們利用國民黨做工具，達到軍事優越的地位，竟不惜犧牲民衆的利益，背黨叛國，出賣國民革命，與北方殘餘軍閥張作霖妥協，并且勾結日本帝國主義，破壞孫總理所定下的「聯俄」「聯共」「農工」三大政策，捕殺本黨中最革命的左派及共產份子，青年學生，封閉農工會，屠殺革命民衆，喪心病狂。殘忍酷毒，莫此爲甚，此等中途變節反革命的叛賊，我們革命民衆誓必將其打倒。

召集人民代表會議，組織人民政府，是革命民衆的呼聲，也是國民黨的政治生命的危機，擁護武漢中央黨部及國民政府，肅清反動勢力了，反對帝國主義軍閥到底，以其實現國民黨的政綱，用革命的手段驅逐了反革命的縣長張治平，推舉委員成立臨時縣人民政府，預備召集縣民會議，組織正式的人民政府這是革命民衆接受政權的先聲，在革命史上很有光榮的一頁，本政府委員受黨與人民的付托，誓必一心一德，竭智盡忠，遵守黨綱，服從主義，擁護武漢中央黨政府，實現下列最低限度政綱。

第一，取消苛捐雜稅。苛捐雜稅，病商害民，久爲人民所深惡 取消苛捐雜稅的口號，我們革命民衆舊經提出，且爲本黨所決定的政綱，以前因爲我們革命民衆未曾取得政權，以故未能實現，現在政權既歸我們民衆，本政府自當分別提出來宣佈取銷。

第二，對反革命實行革命的裁制 反革命派，是要摧殘民衆，犧牲民衆的利益的，是革命民衆的敵人。革命與反革命勢不能妥協，舉凡貪官污吏買辦階級劣紳土豪 勾結軍閥 甘作帝國主義的走狗，仇視我們革命民衆的，都是反革命派，本政府定必實行革命的制裁 將他一律肅清。

第三，救濟糧食。本縣因去年早冬兩季歉收，米穀缺乏，價值高漲，一般貧民皆有飢色，當此青黃不接的時候。救濟糧食，實爲目前最緊要的一件事，本政府當必用迅速的方法籌集鉅欵，購運多量米糧，救濟全縣民衆，以防米荒。

第四，豁免追征舊糧，預征錢糧，及取消契稅抵納券， 追征舊糧 預征錢糧，及發行契稅納券是軍閥貪官污吏之所爲，本黨政綱對於預征錢糧 在禁止之列。本縣數年以來農村破產，商場凋敝，金融枯竭，人民陷於極困苦的地位 斷不容再事敲剝 以前的反動縣長張治平，奉行蔣中正李濟琛等違反革命民衆利益的命令，追征舊糧，預征錢糧，發行契稅抵納券，重重敲剝，至堪痛恨 本政府爲革命民衆的政府，自當爲全縣民衆解除痛苦，實行豁免追征舊糧，預征錢糧，及取銷契稅抵納券，以蘇民困。

第五，實行中央與各省區聯席會議政綱 去年中央與各省區聯席會議決定政綱，凡關於農民，工人，商人，婦女，教育，最低限度政綱 本政府均當分別次第推行．此外如增加僱農工資，改良待遇，保障佃農有永遠使用土地權，開辦農民銀行以低利借給農民，保障工人職業，改善工人生活，沒收土豪劣紳貪官污吏及反革命的一切土地財產，一切地方公欵撥歸鄉民會議 武裝的工人農民得解除土豪劣紳的武裝，增加教育經費，提高教職員薪金減收學費 維持地安，保護商場實行鄉村自治，開闢道路剷除土匪等項，本政府均當切實執行，以副我革命民衆的希望。

以上所舉，係具綱要，其他應興應革的事尙多，本政府當必努力以赴，政府以人民之利益爲利益，以人民之意志爲意志，本黨治之精神，依革命之方畧，始終貫澈，罔敢或渝，謹此宣言。

委員 吳振民 呂舜階 鄭志雲 李谷珍 林鐵史 陳子歧
楊其珊 陳舜儀 彭勛 鄭沛霖 卓魯香

中華民國十六年五月一日

■ 1927 年 5 月 1 日，在中共海陆丰地委领导下，海丰、陆丰两县工农武装数千人举行起义，占领海丰县城，成立海丰县临时人民政府。图为《海丰县临时人民政府宣言》

■ 1927年5月5日，饶平县农军1000多人举行起义并占领县城。图为农民自卫军模范队训练班旧址

■ 1927年5月16日，琼崖琼东县党组织领导革命武装在郭村、礼昌村同前来进攻的国民党军队和民团进行战斗。图为战斗中革命武装驻扎的郭村李氏祠堂旧址

■ 1927 年 5 月 18 日，遂溪农军举行海山暴动，与敌军近千人激战数天。图为海山暴动指挥部遗址

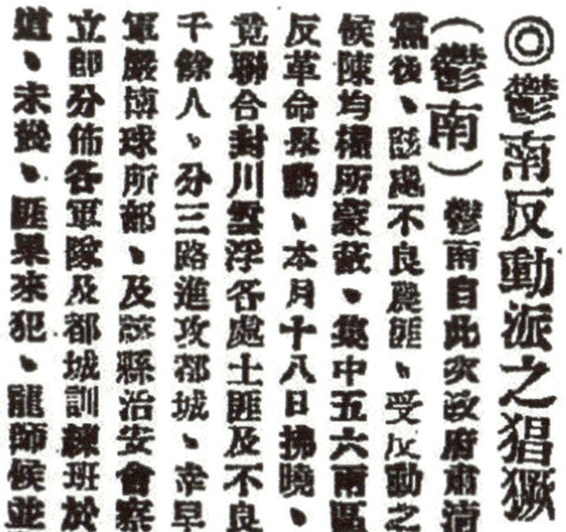

◎鬱南反動派之猖獗

（鬱南）鬱南自內政府肅清共產黨後、該處不良農匪、受反動之龍師候陳均權所豢養、集中五六兩區、作反革命暴動、本月十八日拂曉、龍逆黨聯合封川雲浮各處土匪及不良農匪千餘人、分三路進攻都城、幸早爲防軍嚴博球所部、及該縣治安會察覺、立即分佈各軍隊及都城訓練班於各要道、未幾、匪果來犯、龍師候並親持

■ 1927 年 5 月 18 日，中共郁南县地方组织集结农军 1000 余人向都城镇发起总攻。图为当时对郁南都城起义的报道

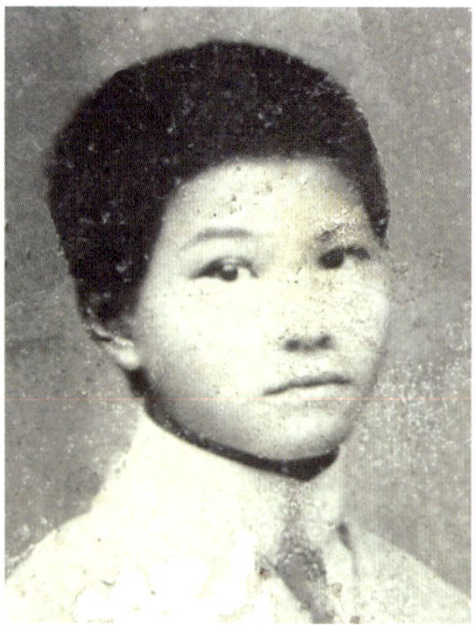

郁南都城起义领导人龙师侯及其故居

1927年6月，花县九湖乡农军在渔笱庄抗击花县民团和国民党军队的围攻，坚持达两个月之久。图为农军固守的王彭炮楼旧址

1927年6月，在中共大埔县部委的发动和领导下，大埔农军举行武装暴动，占领县城茶阳，暴动后成立了大埔县政府委员会。图为暴动遗址

■ 1927年7月10日，临高县农军400多人里应外合攻下县城。图为临高起义指挥者之一冯平

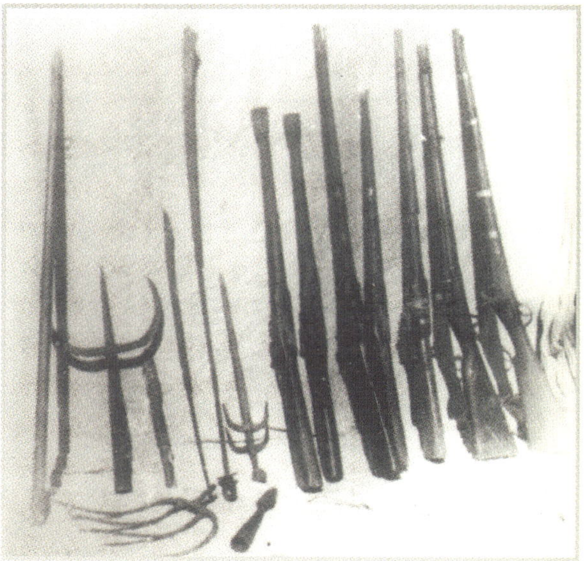

■ 1927年7月间，为适应形势发展的需要，琼崖特委决定将各县的革命武装统一改编为琼崖讨逆革命军。图为陵水县农军起义使用过的武器

贰 / 完善组织领导暴动

在全省工农武装起义打响之后，中共广东区委派遣的专员陆续到达各地，改组了各地的党组织，成立了广州市委、东江特委、琼崖特委、南路特委等党组织，以加强对各地区武装起义的领导。

在广东各级党组织的领导下，自4月15日至7月底，全省34个县共举行了40多次武装起义，建立了普宁、英德、紫金、海丰、陆丰、陵水等县一级革命政权，形成了广东人民反抗国民党反动派屠杀政策的第一个起义高潮。但是由于敌强我弱，加上工农武装缺乏作战经验和充分准备，以及各地农军缺乏统一指挥和具体行动部署，各地的起义在强敌围攻下都先后失败了。

1927年4—7月改组成立的部分党组织

名称	成立时间	主要领导人
中共广州市委	1927年4月	吴毅等
中共东江特委	1927年4月下旬	彭湃、张善铭、杨石魂等
中共琼崖特委	1927年6月	杨善集、王文明等
中共南路特委	1927年7月	彭中英等

资料来源：中共广东省委党史研究室编：《广东工农武装起义》，广东人民出版社1991年版。

1927 年 4—7 月成立的部分县级革命政权

名称	成立时间	主要领导人
英德县政府委员会	1927 年 4 月	刘裕光
普宁县临时人民政府	1927 年 4 月	李志前
饶平县人民政府	1927 年 5 月	潘延准
梅县人民政府	1927 年 5 月	周静渊
五华县革命委员会	1927 年 5 月	李国光
大埔县政府委员会	1927 年 6 月	郭栋材
海丰县临时人民政府	1927 年 5 月	吴振民
陆丰县临时人民政府	1927 年 5 月	张威
紫金县人民政府	1927 年 5 月	刘琴西
陵水县人民政府	1927 年 7 月	欧赤
廉江县工农革命委员会	1927 年 7 月	刘永杰

资料来源：中共中央组织部、中共中央党史研究室、中央档案馆编：《中国共产党组织史资料》，中共党史出版社 2000 年版。

南路特委书记彭中英

1927 年 4 月 26 日紫金武装起义总指挥刘琴西

1927年4月英德武装起义部分人员

1927年5月1日海丰武装起义工农救党军队长吴振民

1927年5月18日兴宁武装起义领导人蓝胜青

■ 1927年6月，中共琼崖地委在乐会县第四区宝堆村李氏祠堂召开紧急会议，将中共琼崖地委改为中共琼崖特委，决定开展武装斗争。图为会议旧址

■ 1927年5月，在琼山县大致坡加乐坑村正式成立了琼崖第一个县委——中共琼山县委员会（书记冯白驹）。图为中共琼山县委成立旧址

■ 1927年7月21日，陵水县人民政府宣布成立，欧赤任主席。图为欧赤故居

第三章

抗争·秋收起义

为了反抗国民党反动派，1927 年 8 月 1 日，中国共产党领导发动了八一南昌起义。8 月 3 日，中共中央又制定了《中共中央关于湘鄂粤赣四省农民秋收暴动大纲》。根据中共中央的指示，广东省委立即发动全省秋收暴动，以全力在东江接应南昌起义军。从 8 月下旬开始，继夏季讨蒋起义之后，广东省委在全省范围内再一次领导发动了声势浩大的秋收起义。

壹 / 中央精神到达广东

1927 年 7 月 15 日，汪精卫举行“分共”会议，正式同中国共产党决裂，公开背叛了孙中山所制定的国共合作政策和反帝反封建的纲领。至此，轰轰烈烈的第一次大革命在全国遭到了失败。为了反抗南京和武汉国民党反动派，中国共产党领导了八一南昌起义。8 月 7 日，中共中央在汉口召开紧急会议（八七会议）。会后，中共中央临时政治局决定在广东同时成立中共广东省委和中共中央南方局，以张太雷为广东省委书记。八七会议后，中共广东省委根据中央的精神，结合广东的具体实际，先后制定了一系列文件，发布了一系列通告，并对潮梅、琼崖等重点地区的工作做出了一系列指示。这些政策和措施，从理论和实际上对处于转折时期的中国共产党探索中国革命的新道路作了有益的尝试，有力地指导着广东革命斗争广泛深入地发展。

中共中央关于湘鄂粤赣四省农民秋收暴动大纲

（一九二七年八月三日）

（一）根据中央最近农民斗争之议决案，决定这个行动大纲，准备在湘粤鄂赣四省实现。

（二）中国革命正转向一个新的前途——工农德谟克拉西独裁，土地革命将占最重要的过程。在这里党的政策需要新的变更，革命的社会势力需要新的聚集和训练。现时反动的统治始终没有稳定，农民群众满心期望秋收胜利，因为新遭了挫折，正在寻找他们新的奋斗的方略，“秋收暴动”是对于这个客观情势的适当的答案。这次抗租抗税的暴动是土地革命急剧发展之新阶段，他至少要动摇反动的新旧军阀的政权，在湘粤则有建立新的革命政权的可能的前途。

（三）党过去对农民革命有一错误政策，就是抑制农民保护小地主利益的政策；具体的表现便是强农民建设与小地主联盟的乡村自治，及五次大会后对于国民党种种限制农民革命的训令不加反抗，反在实际上指令下级党部执行国民党之反动训令。这个错误是由党对小资产阶级的整个政策来的，现在国际第八次扩大会对中国革命的前途是工农德谟克拉西独裁联合小资产阶级，这一个新的指示证明过去湖南农民实行农会专政反对乡村自治是对的，对小地主不可免的打击所谓“幼稚”、“过火”的现象不足害怕而应当积极的去领导的。明白了这个才能

挥此委员会所能活动的地方工作。

特委：夏曦、郭亮、泽东、卓宣[1]（书记泽东）。

赣：1. 马上夺取乡县政权；2. 实行中央土地革命政纲；3. 尽量杀戮土豪劣绅与反革命派；4. 积极参加革命军对反革命派的军事战争。

粤：革命军所占地方，原则与江西相同，军力暂未达到地方即起来暴动响应，夺取乡村政权，建设农会威力并实行土地革命政纲；如有可能立即夺取县政权，因此引导革命政权夺取全省。

安　中　原[2]

三日

注　释

（1）即毛泽东、任卓宣。
（2）中共中央的代号。

■ 1927 年 8 月初，中共中央号召湘鄂粤赣四省农民举行秋收暴动

■ 1927年8月7日，中共中央在湖北汉口召开紧急会议，总结大革命的经验教训，确定了土地革命和武装反抗国民党的总方针。张太雷参加了会议，并当选为中共中央临时政治局候补委员。图为八七会议会址

中共广东省委
拥护中央紧急会议之决议

（一九二七年八月）①

过去本党中央因为机会主义之政策，使中国革命受了部分之失败。国际对中央之领导错误，严厉批评。同时，于八月七日在汉口召集中央紧急会议，各地代表亦有列席者，会议结果，对国际第八次决议对中国问题之决议，完全接受，并发表告同志书，指出中央过去之错误，并改组中央政治局，成立中央临时政治委员会，半年内召集第六次全国代表大会，临时政治局已选出正式委员九人，候补三人，内多工农领袖同志。同时，在广东成立南方局，在北方成立北方局。广东省委亦同时改组，并指派△△△②同志为书记，省委委员十三人，候补七人，工

①年、月是根据本文内容判定的。
②原文如此，似为张太雷。

■ 1927年8月，根据中共中央的指示，张太雷到香港主持召开广东省委会议，传达八七会议精神，通过《中共广东省委拥护中央紧急会议之决议》。会议决定正式成立中共广东省委，由张太雷任书记

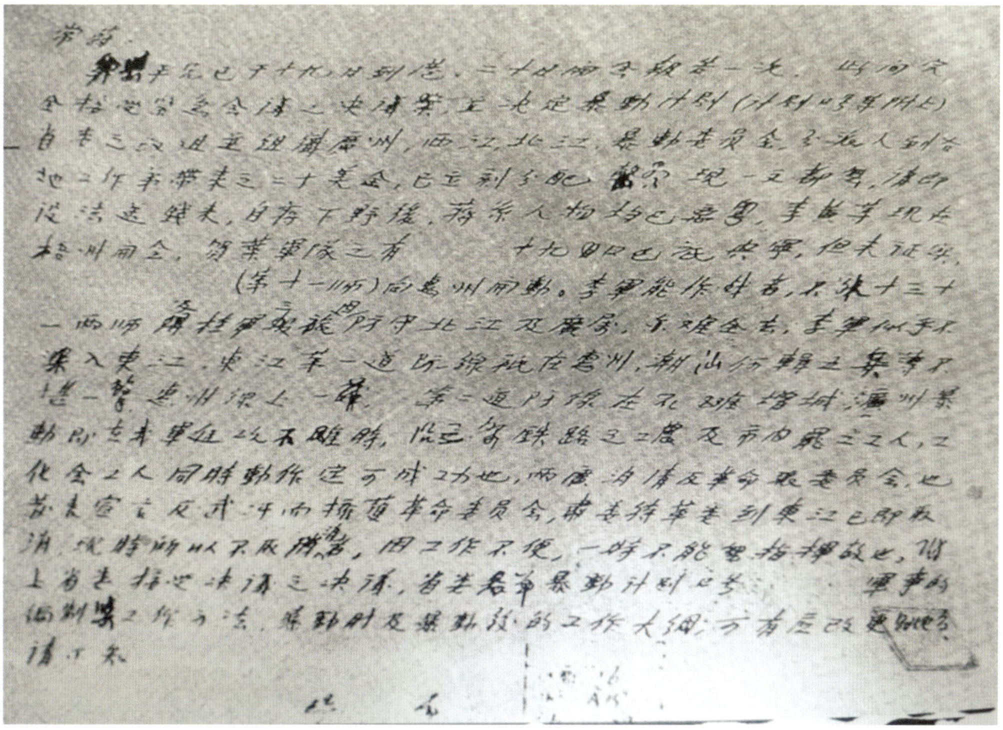

■ 1927 年 8 月广东省委会议后，广东省委书记张太雷就广东形势和起义计划等问题向中央做了汇报。图为张太雷致中央的信

中共广东省委关于暴动后各县市工作大纲（决议案）

（一九二七年八月）①

（一）政 治 组 织

一、根本铲除封建势力，建立工农独裁民主政府。

二、凡二十岁以上的工农劳苦平民及赞成土地革命者俱有选举权（地主、买办、大商、富绅、旧文武官吏、警察、僧侣、高利盘剥及一般剥削人者俱剥削〔夺〕其选举权）。

三、农村政治组织，乡农民协会为乡村政府，区农民协会为区政府，接受政权。选举法依农民协会选举法行之。

四、县设民选革命政府，以百分之六十农民代表，百分之三十工人代表，百分之十小商人及贫

①年、月是根据本文内容和有关文件判定的。

■ 1927年8月，广东省委通过《中共广东省委关于暴动后各县市工作大纲（决议案）》，要求各地将“工农普遍武装起来，并依军事编制组织之”，“成立真正工农革命军”，在暴动中不断扩大党领导的武装

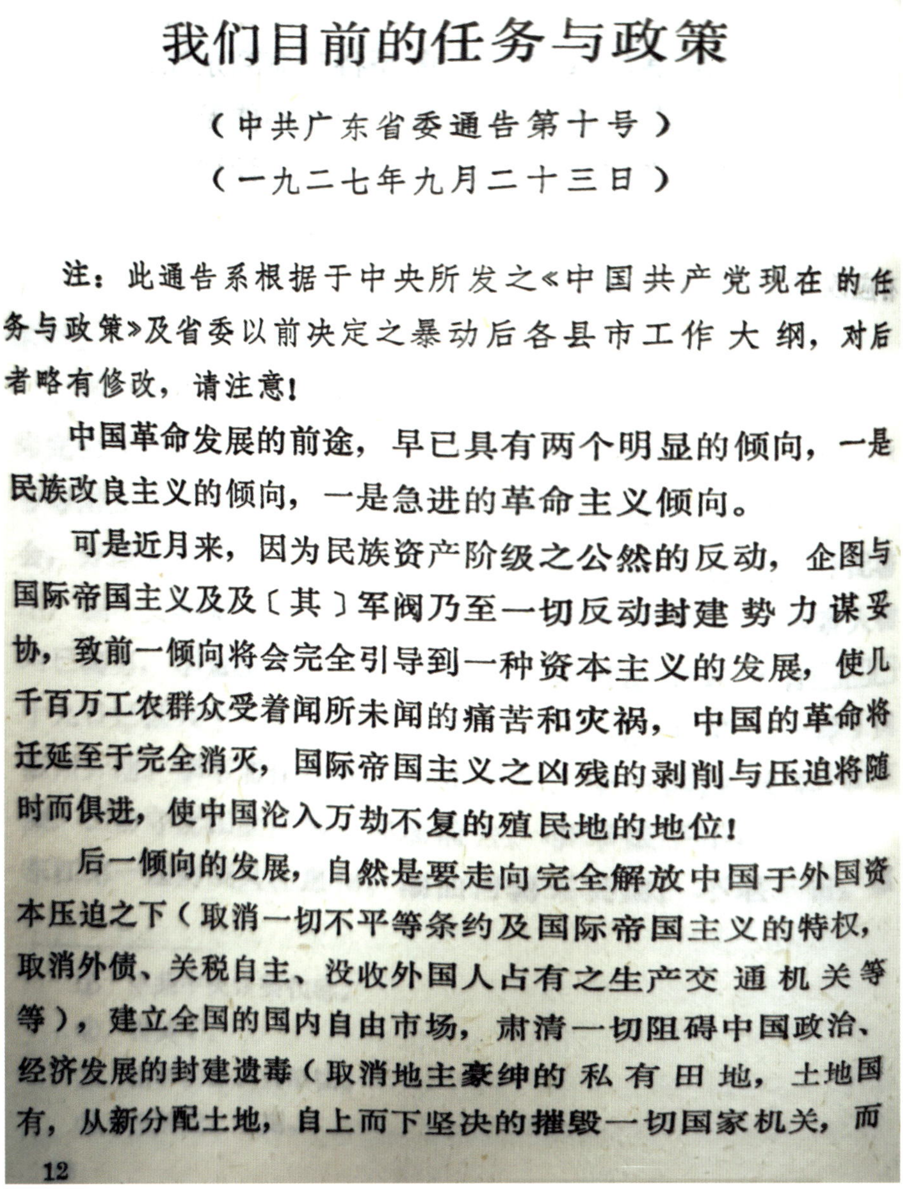
我们目前的任务与政策

（中共广东省委通告第十号）

（一九二七年九月二十三日）

注：此通告系根据于中央所发之«中国共产党现在的任务与政策»及省委以前决定之暴动后各县市工作大纲，对后者略有修改，请注意！

中国革命发展的前途，早已具有两个明显的倾向，一是民族改良主义的倾向，一是急进的革命主义倾向。

可是近月来，因为民族资产阶级之公然的反动，企图与国际帝国主义及及〔其〕军阀乃至一切反动封建势力谋妥协，致前一倾向将会完全引导到一种资本主义的发展，使几千百万工农群众受着闻所未闻的痛苦和灾祸，中国的革命将迁延至于完全消灭，国际帝国主义之凶残的剥削与压迫将随时而俱进，使中国沦入万劫不复的殖民地的地位！

后一倾向的发展，自然是要走向完全解放中国于外国资本压迫之下（取消一切不平等条约及国际帝国主义的特权，取消外债、关税自主、没收外国人占有之生产交通机关等等），建立全国的国内自由市场，肃清一切阻碍中国政治、经济发展的封建遗毒（取消地主豪绅的私有田地，土地国有，从新分配土地，自上而下坚决的摧毁一切国家机关，而

12

■ 1927年9月23日，中共广东省委发布第十号通告《我们目前的任务与政策》，首先提出了关于“苏维埃”的问题，指出“苏维埃”是一种革命政权的形式，当前应立即开展关于“苏维埃”的宣传

贰 / 配合起义掀起高潮

为配合南昌起义军的行动，广东省委领导工农群众举行了数十次武装起义和暴动。南昌起义军在粤东失败后，各县工农革命武装仍继续坚持斗争，包括海丰、陆丰和惠阳、紫金两县部分地区的革命根据地初步形成，东路工农革命军第七团（五华）、第八团（梅县）、第十二团（兴宁）、第十五团（大埔）、第十团（丰顺、梅县交界）等正规武装也先后建立起来。

■ 1927 年 4 月和 8 月，罗定横岗乡农会和农军两次参加横岗暴动。图为横岗乡农民协会旧址

■ 1927 年秋五邑暴动期间，鹤山县苏维埃政府在江门鹤山雅瑶平冈乡宋氏大宗祠（今平冈小学校内）宣告成立

■ 鹤山县苏维埃政府主席宋森

■ 1927 年秋，中共东莞县委员会成立，县委机关设在桥梓村的周氏宗祠。图为周氏宗祠——中共东莞县委机关旧址

■ 1927 年 9 月 3 日，中共兴宁特别支部组织发动农民武装攻打兴宁城，并取得胜利，史称兴宁“九三”暴动。图为兴宁“九三”暴动誓师大会地旧址——梅子坑胡屋

■ 兴宁“九三”暴动武装队伍誓师场景

■“九三”暴动胜利后，暴动队伍撤至永和湖尾村，成立广东工农讨逆军第十五团，后于1927年11月改称广东工农革命军第十二团。图为团长刘光夏

■1927年9月3日，普宁农民自卫军大队逮捕恶霸乡长并将其击毙。图为大队长何石

■ 1927 年 9 月，中共澄海县委举行迎接南昌起义军进汕筹备会议。图为会议旧址——丽泽斋

■ 1927 年 9 月 23 日，杨善集、王文明等直接指挥进攻嘉积外围椰子寨的战斗，打响了全琼武装总暴动的第一仗。这一天成为琼崖人民武装的诞生日。图为椰子寨战斗旧址

■ 1927 年 9 月 23 日，杨石魂率领汕头工农武装 500 多人攻占汕头，迎接南昌起义军的到来。图为杨石魂

■ 1927 年 9 月 24 日，南昌起义部队进入汕头，在大埔会馆设立总指挥部。图为大埔会馆——南昌起义南下部队指挥部旧址

■ 1927 年秋，为策应南昌起义部队南下，中共广东特委负责人赖先声到达汕头，成立汕头市革命委员会，旧址在新中国成立后成为汕头市人民政府办公楼。图为汕头市人民政府旧办公楼原貌

■ 1927 年 9 月 26 日，南昌起义军占领揭阳县城。周恩来、贺龙、叶挺等集中在揭阳学宫崇圣祠，召集各部汇报工作，指导成立了揭阳县工农革命委员会。图为揭阳学宫——周恩来同志革命活动旧址

■ 1927 年 9 月 28—30 日，南昌起义军在揭阳县白石村、汾水村一带与敌军展开激战。图为汾水战役烈士纪念碑

■ 1927 年 9 月 19 日，南昌起义军占领三河坝，起义军主力向潮汕进军，由朱德统率第二十五师和第九军教育团共 3000 余人留守三河坝。10 月 2 日至 4 日，驻三河坝朱德部遭钱大钧部 3 个师猛烈进攻，朱德率部与敌人激战三昼夜后，指挥余部 2000 多人向饶平方向转移，后经福建、江西转入粤北，成功保存了革命火种。图为八一起义军三河坝战役烈士纪念碑

1927 年 10 月 25 日，彭湃发布举行海陆丰第三次武装起义的命令。及至 10 月底，因形势发生急剧变化，彭湃决定提前举行武装起义。图为海陆丰第三次武装起义战斗遗址

1927 年，海陆丰第三次武装起义胜利后，中共广东省委即指示海陆丰县委迅速“召集工农兵代表大会，组织苏维埃”。经过准备，至 11 月上、中旬间，海丰县苏维埃政府成立。图为海丰县苏维埃政府举行成立大会

■ 1927年11月13日至16日，陆丰县召开全县工农兵代表大会，成立陆丰县苏维埃政府。图为1927年陆丰县苏维埃政府旧址

■ 1927年11月18日至21日，彭湃在红宫主持召开海丰县第一次工农兵代表大会。中共东江特委代表，工农革命军第二师第四团全体官兵，陆丰、紫金、惠阳、惠来等县参加大会的农民代表311人。图为红宫大门

1927 年 11 月，惠州高潭区苏维埃政府成立。图为高潭区苏维埃政府办公旧址

1927 年 11 月下旬到 12 月初，中共澄海县委举行抗租暴动。图为中共澄海县第一次党员代表大会旧址

■ 1927 年 12 月 1 日，紫金县苏维埃政府成立。图为紫金县苏维埃政府旧址

■ 1927 年 12 月 14—15 日，潮安工农革命军西林、鹳巢等乡赤卫队 200 多人在潮安县委的领导下，在鹳巢车站截击列车，破坏铁路，断绝敌人交通。图为中共潮安县委机关旧址——双抛祠

第四章 战斗·广州起义

为反击国民党反动派屠杀政策，1927 年 12 月 11 日，中国共产党领导发动了广州起义。广州起义第一次开创了城乡配合、工农兵联合举行武装起义的先例，并第一次打出了“工农红军”的旗号。起义中建立了第一个城市苏维埃政权——广州苏维埃政府，被誉为“中国的巴黎公社”。虽然广州起义遭到失败，省委书记张太雷和数以千计的革命者在起义中牺牲，但广州起义无疑是对国民党反动派叛变革命和实行屠杀政策的又一次英勇反击，充分表现了中国共产党前仆后继、英勇顽强和不怕牺牲的斗争精神。广州起义和南昌起义、秋收起义一起，使中国革命从此“进入了创造红军的新时期”。

壹 / 南粤枪声震惊中外

1927 年 11 月，粤桂军阀之间为争夺地盘爆发战争。张发奎的粤军主力调往肇庆、梧州一带，广州市内兵力空虚。中共广东省委根据中央的指示，成立指挥起义的革命军事委员会，作为起义总指挥机关，由张太雷、黄平、周文雍三人组成，张太雷任书记兼管军事，黄平兼任广州市委书记。继南昌起义和湘赣边秋收起义之后，中国共产党又于 12 月 11 日领导发动了广州起义。

广州起义的军事组织

广州起义军事总指挥部	总指挥　叶　挺 副总指挥　叶剑英 工人赤卫队总指挥　周文雍
第四军教导团	团　长　叶剑英（兼） 李云鹏（后） 参谋长　徐光英（兼）
第四军警卫团	团　长　梁秉枢
广州工人赤卫队	总指挥　周文雍

资料来源：中共广东省委组织部、中共广东省委党史研究室、广东省档案馆编：《中国共产党广东省组织史资料》（上册），中共党史出版社 1994 年版。

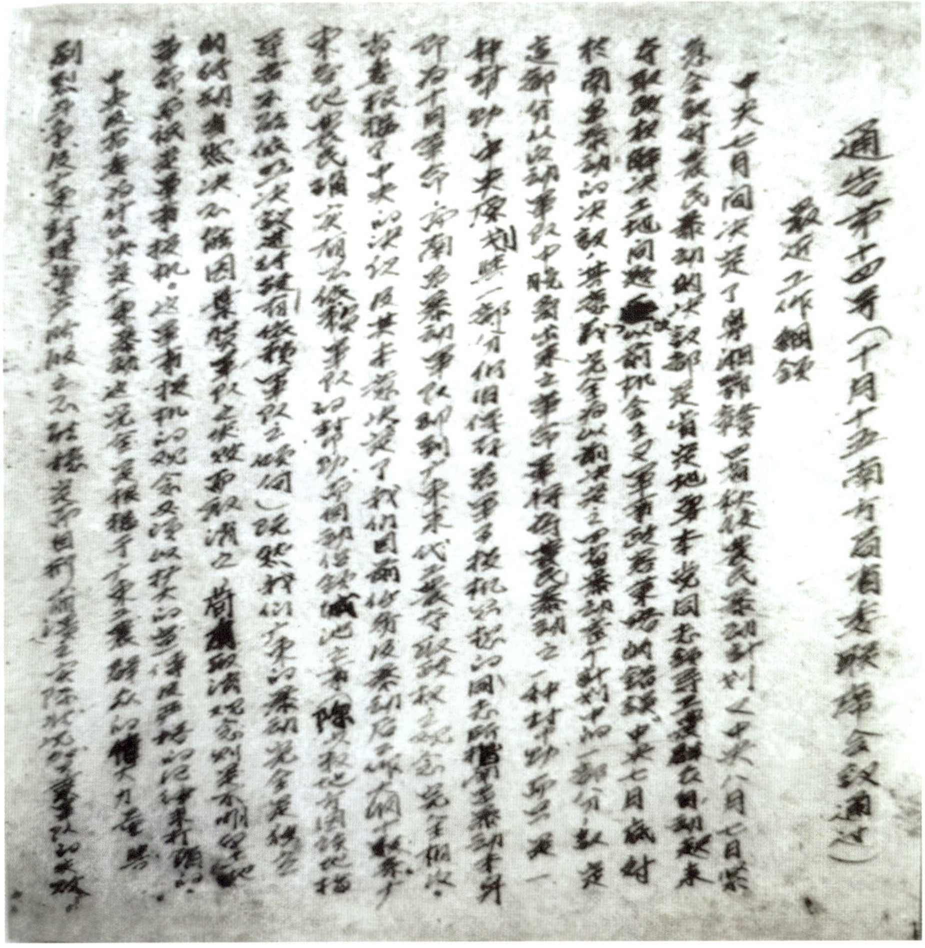
通告第十四号（十月十五南方局省委联席会议通过）
最近工作纲领

■ 1927 年 10 月 15 日，中共中央南方局和广东省委在香港召开联席会议。会议通过了《最近工作纲领》，认为应继续实施广州武装起义计划，提出了“建立工农兵代表会，一切政权归工农兵代表会”的口号。图为《最近工作纲领》

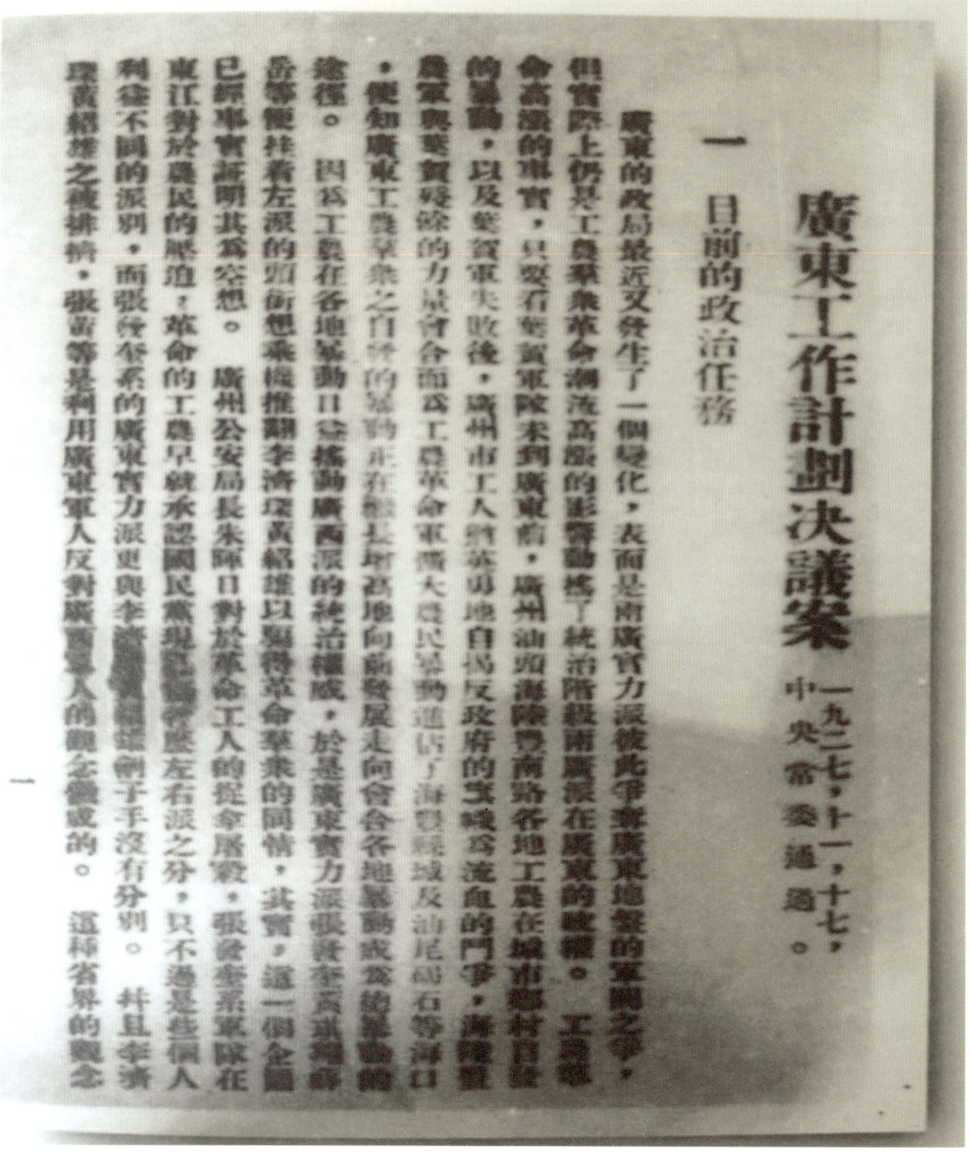

廣東工作計劃決議案

一九二七，十一，十七，中央常委通過。

一 目前的政治任務

廣東的政局最近又發生了一個變化，表面是南廣實力派彼此爭奪廣東地盤的軍閥之爭，但實際上仍是工農羣衆革命潮流高漲的影響動搖了統治階級南廣派在廣東的統轄。工農革命高漲的事實，只要看葉賀軍隊未到廣東前，廣州汕頭海陸豐南路各地工農在城市鄉村自發的暴動，以及葉賀軍失敗後，廣州市工人繼續英勇地自為反政府的奮鬥為流血的鬥爭，海陸豐農軍與葉賀殘餘的力量會合而為工農革命軍備大農民暴動進佔了海豐縣城及汕尾碣石等海口，便知廣東工農羣衆之自發的暴動正在繼長增高地向前發展走向會合各地暴動成為總暴動的途徑。 因為工農在各地暴動日益搖動廣西派的統治權威，於是廣東實力派張發奎黃琪翔[illegible]等便拚着左派的頭銜想乘機推翻李濟琛黃紹雄以騙得革命羣衆的同情，其實，這一個企圖已經事實證明其為容想。 廣州公安局長朱暉日對於革命工人的捉拿屠殺，張發奎系軍隊在東江對於農民的壓迫，革命的工農早就承認國民黨現在[illegible]左右派之分，只不過是些個人利益不同的派別，而張發奎系的廣東實力派更與李濟[illegible]例子手沒有分別。 并且李濟琛黃紹雄之被排擠，張黃等是利用廣東軍人反對廣西軍人的觀念做成的。 這種省界的觀念

■ 1927年11月17日，中共中央常委会作出《广东工作计划决议案》。鉴于广东形势发生变化，中共中央正式决定举行广州起义，要求广东省委利用粤桂军阀矛盾斗争的有利时机，立即发动农村和城市武装起义，夺取广东政权。图为《广东工作计划决议案》

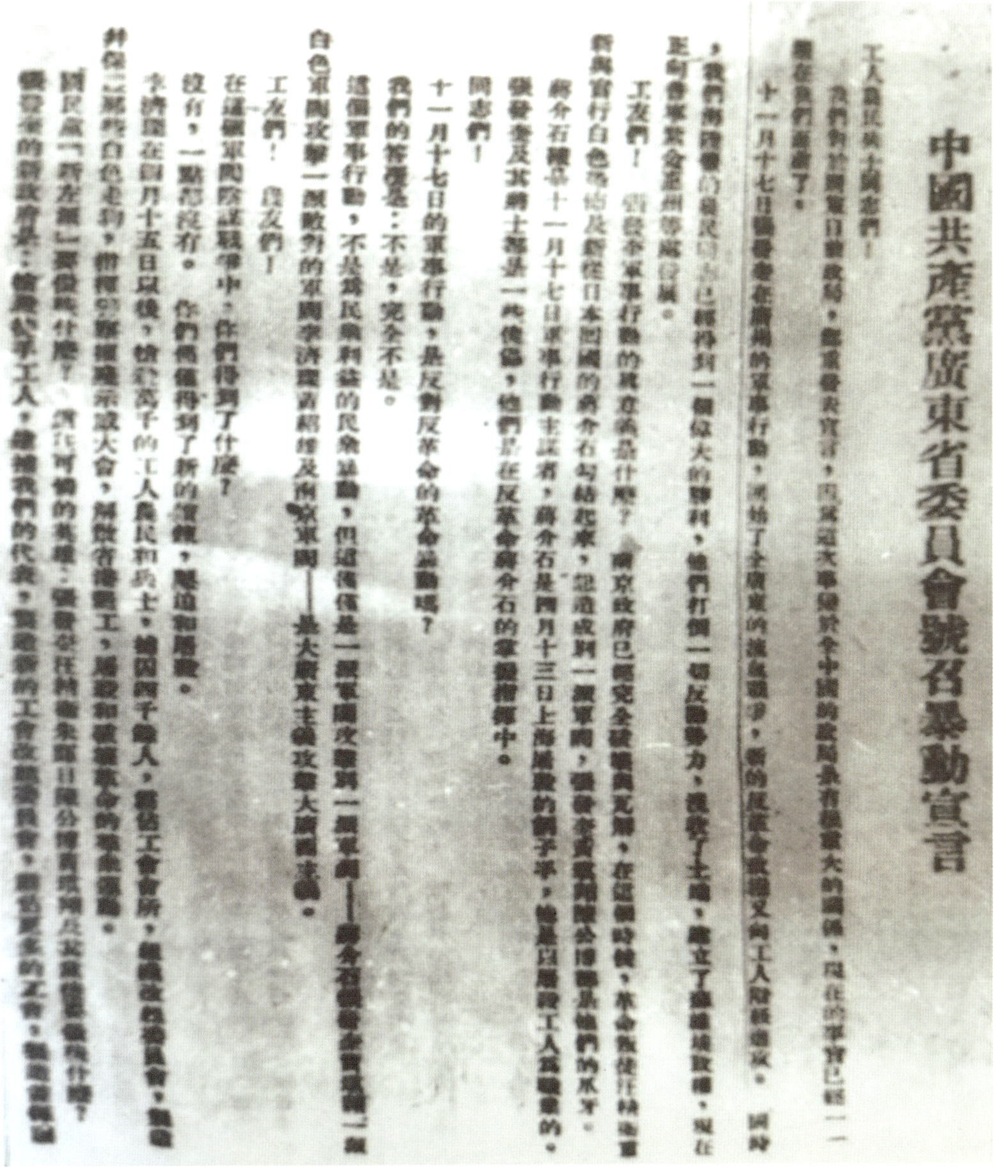

中國共產黨廣東省委員會號召暴動宣言

工人農民兵士[illegible]們！

我們[illegible]發表宣言，[illegible]全中國的政局[illegible]大的[illegible]，現在的事實已經一一擺在我們面前了。

十一月十七日[illegible]在廣州的軍事行動，[illegible]了全廣東的[illegible]，新的反[illegible]又向工人[illegible]。同時，我們[illegible]已經得到一個偉大的[illegible]，他們打倒一切反[illegible]勢力，[illegible]了[illegible]，建立了[illegible]，現在[illegible]州等處[illegible]。

工友們！[illegible]軍事行動的[illegible]是什麼？南京政府已[illegible]，在這個時候，革命[illegible]行白色[illegible]及[illegible]日本帝國的蔣介石勾結起來，[illegible]一派軍閥，[illegible]們的爪牙。

蔣介石[illegible]十一月十七日軍事行動主謀者，蔣介石是四月十三日上海屠殺的劊子手，[illegible]工人[illegible]的。[illegible]及其[illegible]一[illegible]，他們是在反革命蔣介石的[illegible]中。

同志們！

十一月十七日的軍事行動，是反對反革命的革命暴動嗎？

我們的答覆是：不是，完全不是。

這個軍事行動，不是為民衆利益的民衆暴動，但這僅僅是一派軍閥攻擊到一派軍閥——蔣介石[illegible]一派白色軍閥攻擊一派[illegible]的軍閥李濟深[illegible]及南京軍閥——是大廣東主義攻擊大廣西主義。

工友們！農友們！

在這個軍閥戰爭中，你們得到了什麼？

沒有，一點都沒有。你們僅僅得到了新的[illegible]，屠殺。

李濟深在四月十五日以後，[illegible]萬千的工人農民和兵士，[illegible]工會會所，[illegible]，[illegible]

[illegible]白色走狗，[illegible]大會，[illegible]工，屠殺[illegible]革命的[illegible]。

國民黨「[illegible]派」要做些什麼？[illegible]可憐的[illegible]什麼？

[illegible]的新政府是：[illegible]工人，[illegible]我們的代表，[illegible]的工會[illegible]，[illegible]的工會，[illegible]

■ 1927 年 11 月 28 日，中共广东省委发表《中国共产党广东省委员会号召暴动宣言》，号召广大工农兵联合起来，推翻国民党反动统治，夺取政权

第四章　战斗 · 广州起义

一、反對軍閥聯合帝國主義進攻蘇聯！
（二）反對軍閥混戰！
（三）反對拉伕派餉派捐！
（四）反對封船封車斷絕交通！
（五）反對停止兌現紙幣！
（六）軍閥戰爭死滅萬歲！

■ 中共广州市委在起义前印发的传单

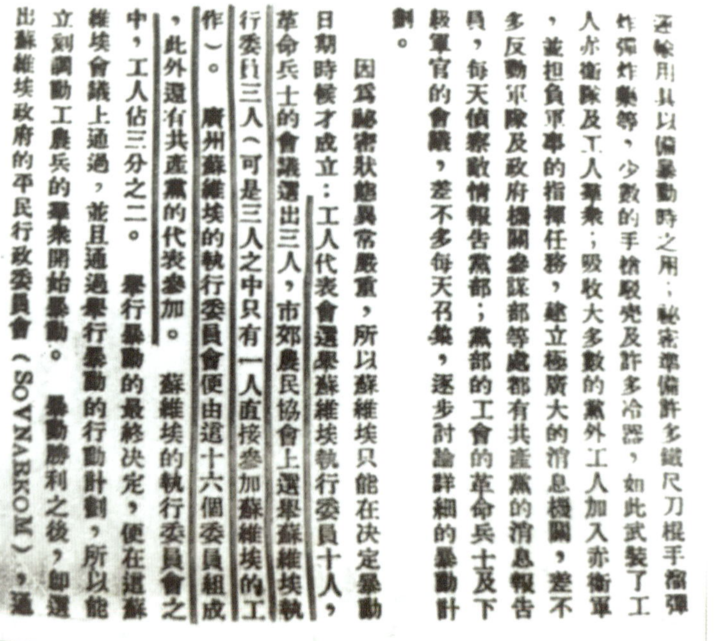

運輸用具以備暴動時之用；秘密準備許多鐵尺刀棍手榴彈炸彈炸藥等，少數的手槍駁殼及許多冷器，如此武裝了工人赤衛隊及工人群衆；吸收大多數的黨外工人加入赤衛軍，並担負軍事的指揮任務，建立極廣大的消息機關，差不多反動軍隊及政府機關參謀部等處都有共產黨的消息報告員，每天偵察敵情報告黨部；黨部的工會的革命兵士及下級軍官的會議，差不多每天召集，逐步討論詳細的暴動計劃。

因爲秘密狀態異常嚴重，所以蘇維埃只能在決定暴動日期時候才成立：工人代表會選舉蘇維埃執行委員十人，革命兵士的會議選出三人，市郊農民協會上選舉蘇維埃執行委員三人（可是三人之中只有一人直接參加蘇維埃的工作）。廣州蘇維埃的執行委員會便由這十六個委員組成，此外還有共產黨的代表參加。蘇維埃的執行委員會之中，工人佔三分之二。舉行暴動的最終決定，便在這蘇維埃會議上通過，並且通過舉行暴動的行動計劃，所以能立刻調動工農兵的群衆開始暴動。暴動勝利之後，即選出蘇維埃政府的平民行政委員會（SOVNARKOM），這

布爾塞維克　第十三期

■ 1927 年 12 月 7 日，中共广东省委召开广州工农兵代表会议。会议选举产生了广州苏维埃执行委员会，决定在 12 月 12 日举行广州起义。随后，省委会议又讨论通过了广州苏维埃政纲、宣言及行动部署。图为《布尔塞维克》有关工农兵选举组成广州苏维埃执行委员会的记载

参加广州起义的教导团炮兵

起义前夕，汪精卫和张发奎对起义的计划有所察觉，准备解散教导团，在广州实行戒严，并调其远离广州的主力部队赶回广州。在此紧急关头，中共广东省委决定提前于12月11日凌晨举行起义。

12月11日，在广东省委书记张太雷和叶挺、恽代英、叶剑英等人的领导下，国民革命军第四军教导团全部、警卫团一部和广州工人赤卫队七个联队以及市郊部分农民武装，联合举行武装起义。经过几小时激战，起义军占领广州绝大部分市区，成立了广州苏维埃政府，提出“打倒帝国主义”“打倒军阀”“镇压地方豪绅”的政治纲领，颁布了工人实行八小时工作制、一切土地归农会等法令。

广州工人赤卫队指挥所旧址

■ 1927 年 12 月 10 日，广州工人赤卫队转运武器的大安米店被破坏，情况十分危急。图为大安米店

■ 1927 年 12 月 11 日凌晨，在张太雷、叶挺等人的主持下，广州起义誓师大会在教导团北较场四标营驻地举行。图为誓师大会时的情景（画照）

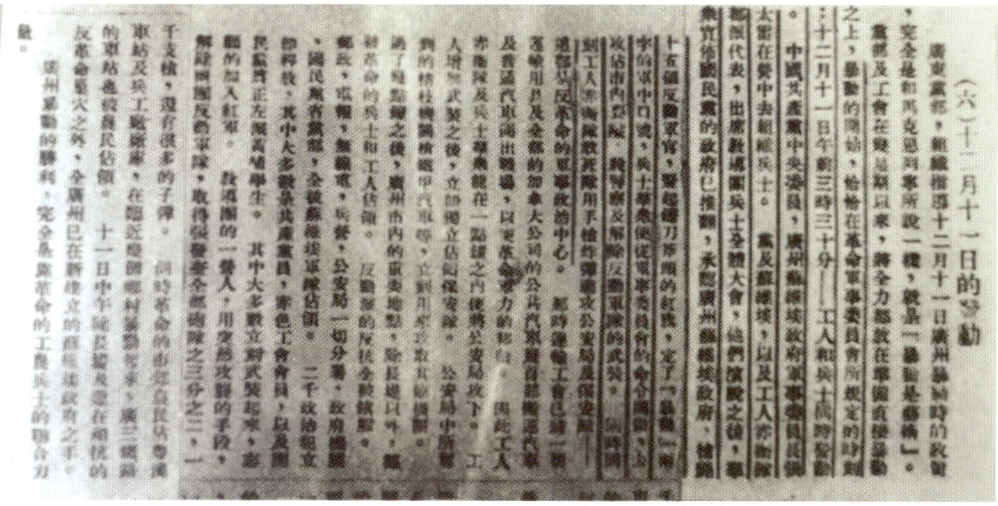

（六）十二月十一日的暴動

廣東黨部，組織指導十二月十一日廣州暴動時的政策，完全是和馬克思列寧所說一樣，就是「暴動是藝術」。黨部及工會在暴動以來，將全力都放在準備直接暴動之上，暴動的開始，恰恰在革命軍事委員會所規定的時刻：十二月十一日午前三時三十分——工人和兵士同時發動。

中國共產黨中央委員，廣州蘇維埃政府軍事委員長張太雷在營中去組織兵士。

■ 1927 年 12 月 11 日凌晨 3 时 30 分，张太雷、叶挺做了演说，宣布“暴动”和“夺取政权”的口令，打响了起义的枪声，各路起义军按计划奔袭预定目标。图为《布尔塞维克》关于 12 月 11 日起义爆发的报道

■ 广州起义中的观音山战斗（画照）

■ 被起义军攻占的敌公安局

■ 被起义军攻占的敌省府公署

被起义军攻占的仰忠街敌第四军军械库

被起义军攻占的敌财政部缉私总处

起义中被工人赤卫队捣毁的敌人的铁甲车和汽车

广州起义主要武装序列表		
教导团（团长：李云鹏）	第一营（营长：叶镛）	攻打国民党省党部、东较场、广九车站、广州市公安局
	第二营（营长：赵希杰）	向东进攻沙河和燕塘炮兵团驻地
	第三营（营长：饶寿柏）	攻打省长公署、观音山驻敌
警卫团（团长：梁秉枢）	第二营（营长：李达）	在东堤一带设防，防止敌军渡江
	第三营（营长：施恕之）	攻打第四军军部、军械库和第十二师留守处
工人赤卫队（总指挥：周文雍）	第一联队	协助教导团攻打广州市公安局
	第二联队	攻打第四军军部、广九车站及第七、六、二区警察署
	第三联队	攻打西区警察署、粤汉铁路车站
	第四联队	攻打警官讲习所、保安队、大南路警察署
	第五联队	攻打省长公署及德宣路警察署和驻观音山的敌军
	第六联队	攻打芳村警察局、石围塘保安队和广三铁路车站
	第七联队	机动部队，支援各处战斗
	敢死队	配合攻打公安局
	汽车队	
	消息局	
黄埔军校特务营（营长：吴展）		攻打沙河的国民党军队

■ 参加起义的主要有国民革命军第四军军官教导团全部、警卫团一部、黄埔军校特务营、广州工人赤卫队以及南海、花县农民武装等共6000多人。还有在广州的苏联、朝鲜、越南的部分革命者及广州市工人共约2万人，也参加了起义。图为广州起义主要武装序列表

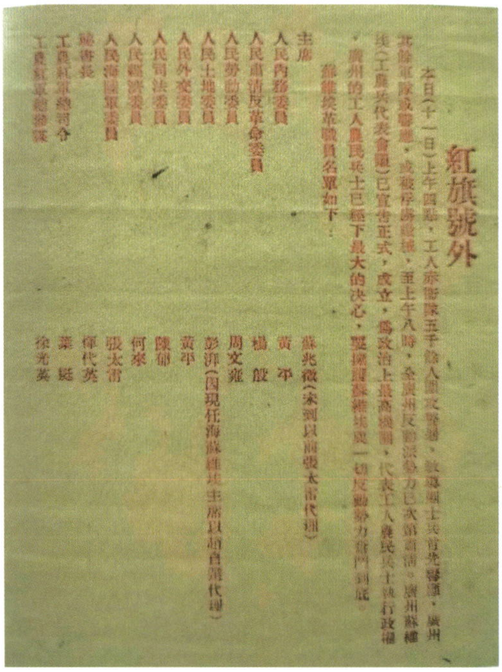
紅旗號外

本日(十一日)上午四點，工人赤衛隊五千餘人與教導團士兵首先暴動，廣州其餘軍隊及警察，一致參加暴動，至上午八時，全廣州反動派勢力已次第肅清。廣州蘇維埃(工農兵代表會議)已宣告正式成立，為政治上最高機關，代表工人農民兵士執行政權。廣州的工人農民兵士已經下最大的決心，堅決擁護蘇維埃與一切反動勢力奮鬥到底。

蘇維埃政府職員名單如下：

主席	蘇兆徵(未到以前張太雷代理)
人民內務委員	黃平
人民肅清反革命委員	楊殷
人民勞動委員	周文雍
人民土地委員	彭湃(因現任海陸豐蘇維埃主席以趙自選代理)
人民外交委員	黃平
人民司法委員	陳郁
人民經濟委員	何來
人民海陸軍委員	張太雷
秘書長	惲代英
工農紅軍總司令	葉挺
工農紅軍總參謀	徐光英

■ 1927年12月11日，广东省委机关刊物《红旗》出版号外，庄严宣告广州苏维埃政府正式成立，同时公布了广州苏维埃政府职员名单

■ 广州苏维埃政府旧址（现广州起义纪念馆）

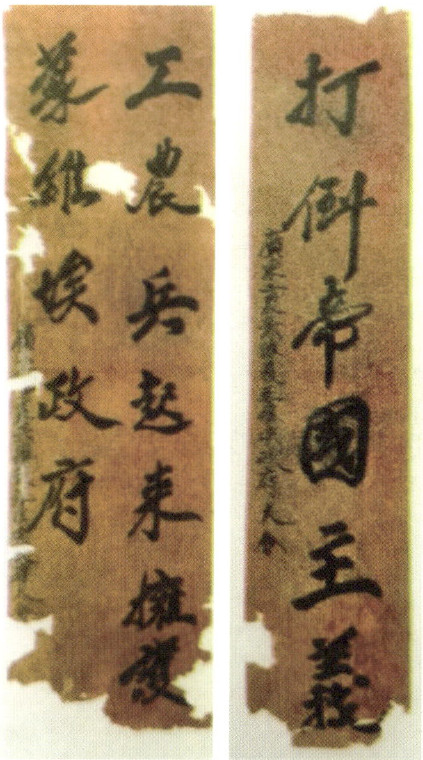

■ 广东工农兵拥护苏维埃政府大会张贴过的标语

■ 广州苏维埃执行委员会会议正式通过了有关苏维埃政府机构组成的提案。广州苏维埃政府设内务、军事、劳动、土地、外交、经济、司法、肃反等委员会，以及财务处、秘书处及红军编导处等部门。图为广州苏维埃执行委员会第一次会议会场——广州苏维埃政府会议礼堂

■ 人民劳动委员、工人赤卫队总指挥周文雍题写的“广州苏维埃”横额

广州起义的爆发，遭到国民党反动派和帝国主义的极端仇视。12 月 12 日，敌人从三面向广州发动大规模进攻，起义军浴血奋战。但敌我力量悬殊，敌人一步步向市中心推进，省委书记、起义总指挥张太雷英勇牺牲，起义军被迫撤出广州，广州起义失败。

■ 广州起义爆发后，敌人慌忙从各地调集大批军队，围攻广州，起义军与数倍于己的敌人血战了两昼夜。图为激战后的永汉街（现北京路）

■ 1927 年 12 月 12 日，张太雷在西瓜园主持召开广东工农兵拥护苏维埃政府大会。随后张太雷偕共产国际代表乘车到前线指挥作战途中，不幸遭敌伏击，壮烈牺牲。图为画照

■ 广州起义失败后，敌军重占观音山

■ 在广州的苏联、朝鲜、越南的部分革命者参加了起义。图为起义失败后遭逮捕的苏联驻广州副领事——哈西斯

■ 为保存革命力量，总指挥部下令 1927 年 12 月 12 日晚撤出广州。图为撤退中的起义队伍

■ 1927 年 12 月 13 日，敌人重占广州后，进行了惨绝人寰的大屠杀。截至 19 日，遇难军民 5700 多人。图为被杀害的起义战士和革命群众遗体

■ 1927 年 12 月，撤向东江地区的广州起义部队 1000 余人在花县改编为工农红军第四师。12 月底，红四师进入东江后，不发一弹，智取紫金城。图为红四师在花县的驻地之一——福荫祠

贰 / 各地配合支援策应

根据广东省委的部署，在广州起义期间，除广州附近农村的农民武装直接参加了广州起义以外，南海、清远、花县、宝安、新会（包括江门）、顺德、中山、惠阳、潮安、信宜、万宁、乐会等县的工农武装，均在当地党组织的领导下举行了起义，支援和策应广州起义。

起义失败后撤出广州的起义军民，分别向东江、北江转移。向东江方向转移的在花县改编为工农红军第四师，转入海丰、陆丰地区，坚持革命斗争；撤退到北江地区的加入朱德、陈毅率领的南昌起义保留下来的部队，后来上了井冈山。少数起义军到达香港，后到广西参加左右江起义。

■ 广州起义枪声打响后，清远、花县农军接到紧急通知，立即集中 300 余名农军急行直奔广州，参加了攻打省长公署、市公安局和观音山的战斗。图为花县农军

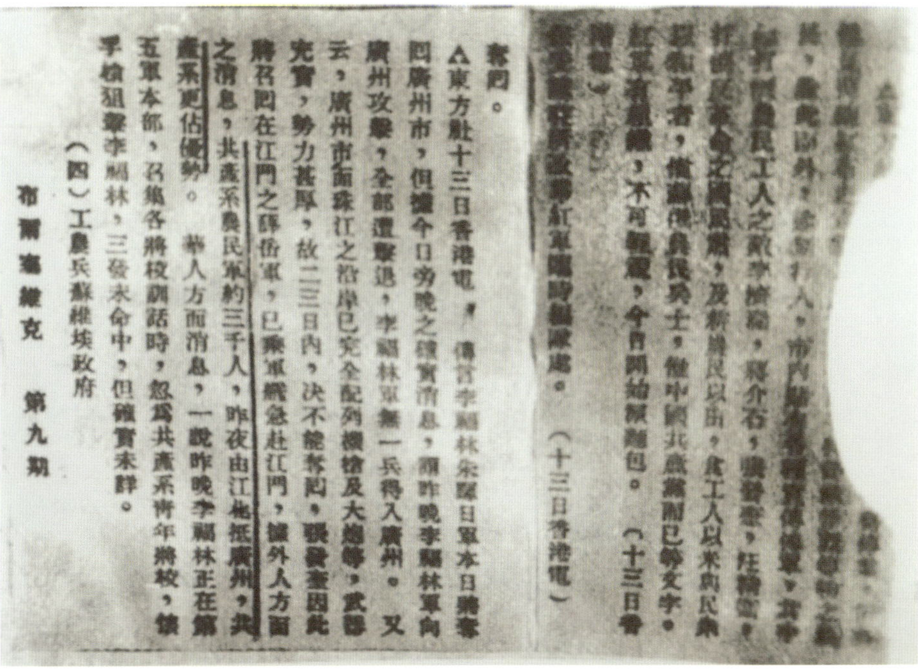

審問。

△東方社十三日香港電，傳言李福林宋部日軍本日將奪回廣州市，但據今日傍晚之確實消息，謂昨晚李福林軍向廣州攻擊，全部遭擊退，李福林軍無一兵得入廣州。又云，廣州市面珠江之沿岸已完全配列機槍及大砲等，武器完實，勢力甚厚，故二三日內，決不能奪回，張發奎因此將名固在江門之薛岳軍，已乘軍艦急赴江門，據外人方面之消息，共產系農民軍約三千人，昨夜由江地抵廣州，共產系更佔優勢。　華人方面消息，一說昨晚李福林正在第五軍本部，召集各將校訓話時，忽為共產系青年將校，據手槍狙擊李福林，三發未命中，但確實未詳。

（四）工農兵蘇維埃政府

布爾塞維克　第九期

■ 顺德、新会、江门等广东各地农军纷纷组织起来，开赴广州参加起义。图为《布尔塞维克》有关农军进城参加起义的报道

■ 东莞县委集结农军，准备攻打县城，配合广州起义。图为东莞农军集结地黄旗庙

■ 1927 年 12 月 11 日，南海县部分农军配合广州起义占领大沥和石围塘等地。图为中共南海县委旧址

中共广东省委致宝安县委函

——攻打深圳的错误、准备暴动，注意党的发展和整理*

（一九二七年十二月十九日）①

宝安县委：

傅大庆同志（省委去指挥暴动的）从深圳回来，知道你们的情形。你们虽曾起来攻打深圳，但有重要的错误：

第一，你们对此次暴动没有个具体计划，据傅同志说，群众甚至于同志都不知所谓何来，更不知道如何去做法。你们只是带了些农军、土匪去攻打某处，群众全未起来，而且简直不去发动群众。

第二，关于土地革命，同志也是怀疑，自然更不肯在群众中去宣传，更加说不到实现的问题。

省委根据前函关于广州暴动的情形及上述你们的错误，特有以下严重的指示，希切实执行，否则应受处分。

一、广州暴动退出的武装有二千余人到达北江花县一带，省委已加派员前往指挥，训令他们改编为工农革命军第一师（第二师在海丰），在北江各县实行土地革命。各县的暴动，因广州暴动的影响都积极起来或更加扩大而深入。因此，宝安决不能因广州暴动之暂时停止而不争斗。

二、惠州农民已经起来，他们特别注意平山、淡水一带，海陆丰工农革命〔军〕第二师，现亦积极帮助惠州农民起来争斗，以期与东、宝会合直达广州。你们必须与之联络。

三、暴动必须是群众的。群众不起来，徒然指挥一些农军或利用土匪攻打某处，结果必定是失败的。你们应不迟疑的把土地革命，不还债等口号积极宣传并切实使其实现。只有这样才能使各乡村农民起来，这样才能破坏金融税收，动摇反革命政权，分散敌人武装使其穷于应付，最后我们才能得到完全的胜利。

四、据傅同志说，宝安党的基础太坏，以后应注意党的发展和整理。《省委通讯》以及一切重要通告，都应在党员大会中报告讨论，使党员群众有深切的了解，必须在争斗中建立党的基础。

省委

（按《省委通讯》一九二七年第六期刊印）

①年代是根据本文内容判定的。

■ 1927 年 12 月 13 日，宝安县工农革命军攻占深圳，活捉深圳警察局局长。图为广东省委关于此次起义有关情况给宝安县委的信

■ 1927 年 12 月 13 日，惠阳举行武装起义。图为农军和赤卫队的练兵场遗址

■ 1927 年 12 月 14 日，为响应广州起义，方方率潮安工农武装在当地举行暴动。图为暴动队伍集合地点——鹳巢乡五桂祠

第五章 不屈·年关暴动

广州起义失败后，广东各地的武装暴动并没有消沉下去，反而进一步扩大和深入。在省委和各地党组织的领导下，广州起义失败后紧接着爆发的1928年年关起义，在持续半年左右的时间里，在全省共有30多个县、市先后举行了40多次武装暴动。与前一时期的武装起义相比较，这些起义规模更大，参加起义的各地区工农革命军和农民武装约有2万人，工农群众近30万人次，建立了陵水、乐会、万宁、普宁、惠来、惠阳、龙川、揭阳、南雄、广宁等县一级的苏维埃政权和大批区乡苏维埃政权，掀起了广东土地革命战争的高潮。

壹 / 再接再厉不惧失败

广州起义失败后仅4天，12月17日，中共广东省委和共青团广东省委联合向各地党、团组织发出通告，明确指出“各地暴动不能因为广州暴动而和缓或停止。反之，更应加紧发动群众发动暴动，准备夺取全省的政权”。1928年1月1日至5日，中共广东省委在香港举行全体会议，总结广州起义失败的经验教训，确定党在目前主要任务是“从乡村直到城市，从局部的割据直到夺取全省政权”。

■ 1928年1月1—5日，中共广东省委在香港举行全体会议，通过了《目前党的任务及工作方针决议案》，将工作重点放在农村领导农民暴动。图为省委书记李立三

■ 广州起义失败后，省委派周文雍从香港返回广州，并派女党员陈铁军担当助手，对外假称夫妇，开展地下工作。图为陈铁军、周文雍革命活动旧址

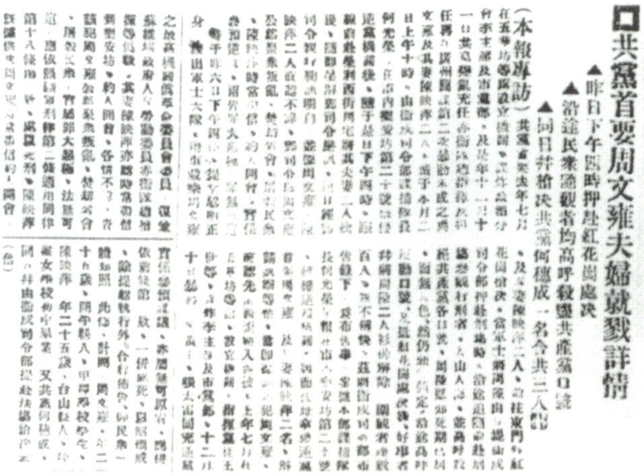
□共黨首要周文雍夫婦就戮詳情
▲昨日下午四時押赴紅花崗處決
▲沿途民衆逾觀者均高呼殺盡共產黨口號
▲同日并槍決共黨何穗成一名合共三人

■ 1928 年 2 月 2 日，由于叛徒告密，周文雍、陈铁军同时被捕。2 月 6 日，两人在广州红花岗刑场英勇就义。1928 年 2 月 7 日，《广州民国日报》报道了周文雍、陈铁军牺牲的消息

■ 图为周文雍、陈铁军英勇就义前合影

中共广东省委号召全省工农兵士继续暴动宣言

（一九二八年一月二十七日）①

工人、农民、兵士同志们！

广州暴动虽然受了挫折，广东全省工农革命的潮流并不因而低落，反转日益高涨，反动军阀的统治更加动摇。我们已经接近了最后胜利的日子！

广州暴动，是因为广州工人与省港罢工工人在历次斗争中，认清了国民党任何一派都是豪绅资产阶级的走狗，他们之间的私人斗争，加重了工、农、兵士、贫民的牺牲与负担。只有在本党新政策指导之下，暴动推翻国民党政府，夺取政权，才能为自己得着出路。

广州暴动，是代表全国工农的意志，对于反动的豪绅资产阶级政权的反抗，是全广东工农暴动的

①这是原件上所记收文时间。

■《中共广东省委号召全省工农兵士继续暴动宣言》（1928年1月27日）

中共广东省委
关于潮梅暴动工作计划

（一九二八年一月二十七日）①

（一）目前潮梅客观的情形，仍然是一个暴动的局面：（1）旧的军阀战争尚未终了，新的陈（铭枢）李（济琛）〔战争〕又在酝酿，所以统治阶级的政权决无稳固；（2）地主豪绅资产阶级更厉害向工农群众进攻，因此必然激起工农群众的反抗，所以如澄海、潮阳一带，因反对保安队清乡骚扰和抗缴保安费，已发生一些新的斗争；（3）各县农民暴动仍在继续发展，如普宁各区乡村仍在农民手里，其他潮阳、潮安、揭阳、澄海等各大部分或小部分乡村仍被农民占领；（4）海、陆丰苏维埃政权的存在，给与各县农民的影响和帮助极大，所以省委会议决定的在现在形势之下有造成由海、陆丰

①这是原件戳记上的时间。

■《中共广东省委关于潮梅暴动工作计划》（1928 年 1 月 27 日）

中共广东省委给琼崖特委信

——实现全岛总暴动的意见*

（一九二八年一月二十八日）①

琼崖特委：

一月十四日的报告已经收到了。省委对你们有下列的指示：

（一）全岛总暴动既已爆发，特委应即有一夺取全岛政权的全盘计划。当然这种计划，应该以群众的暴动为主体，不过军事上也应该有同样相辅而行的计划。省委对此计划有下面的意见。

1．万宁应即刻举行全县的总暴动，号召全县的农民群众（愈多愈好，最好是女子、小孩都起来参加，这样便可以瓦解敌人的军队）扑攻县城。在陵水的工农革命军，除留少数部队帮助陵水农民铲除地主豪绅外，尽数调到万宁帮助农民夺取全县政权。

①年代是根据本文内容判定的

■《中共广东省委给琼崖特委信》（1928年1月28日）

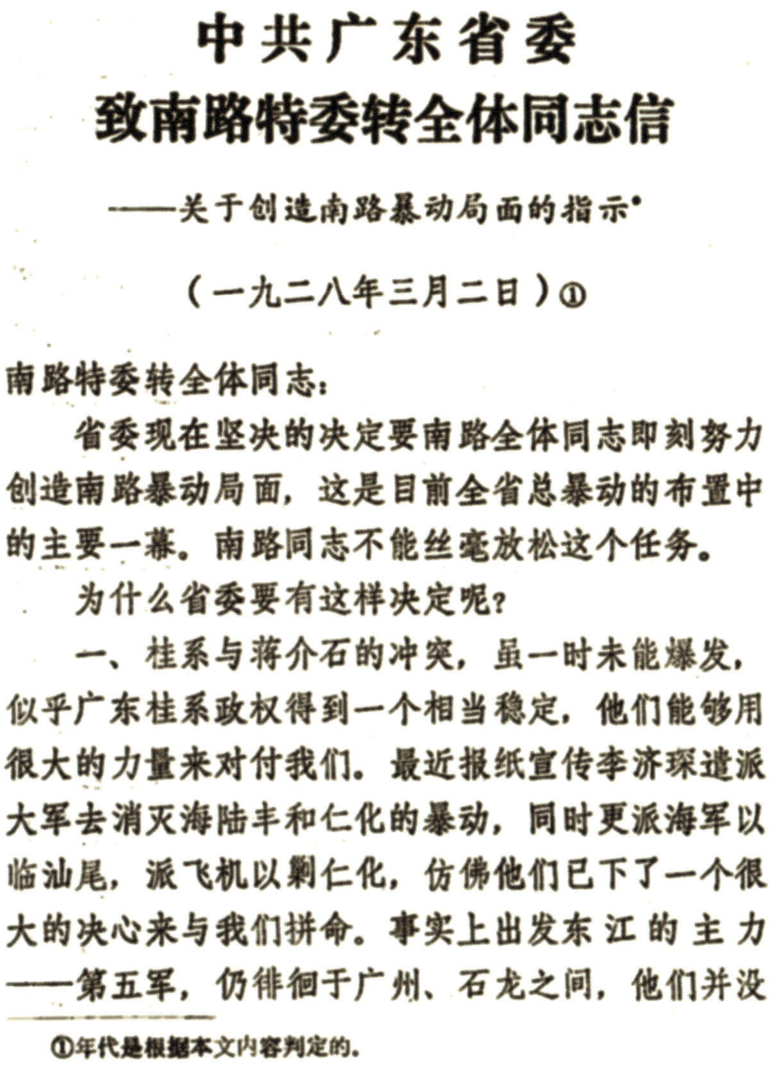

中共广东省委致南路特委转全体同志信

——关于创造南路暴动局面的指示

（一九二八年三月二日）①

南路特委转全体同志：

省委现在坚决的决定要南路全体同志即刻努力创造南路暴动局面，这是目前全省总暴动的布置中的主要一幕。南路同志不能丝毫放松这个任务。

为什么省委要有这样决定呢？

一、桂系与蒋介石的冲突，虽一时未能爆发，似乎广东桂系政权得到一个相当稳定，他们能够用很大的力量来对付我们。最近报纸宣传李济琛遣派大军去消灭海陆丰和仁化的暴动，同时更派海军以临汕尾，派飞机以剿仁化，仿佛他们已下了一个很大的决心来与我们拼命。事实上出发东江的主力——第五军，仍徘徊于广州、石龙之间，他们并没

①年代是根据本文内容判定的。

■《中共广东省委致南路特委转全体同志信》（1928 年 3 月 2 日）

中共广东省委为准备夏收暴动事致各党部通告（第八号）

——省委常委二十一次会议通过

（一九二八年五月二十九日）

一、夏收暴动的客观条件

自从海陆丰、仁化之失守，各地暴动继续受了相当挫折，似乎表现出统治阶级政权暂时的稳定，革命高潮不无一时的潜伏，甚至会怀疑到目前全省割据之不可能，但省委始终是和这种倾向奋斗。扩大会亦严重的指出广东目前仍是一个暴动局面。一直到现在，这种局面生长的客观条件，亦更逐渐具备。其最主要的现象，有如下述：

第一、统治阶级政权的分裂和矛盾：蒋李的暗斗明争日趋剧烈，省委扩大会已有详细之指示。这种现象，现在仍然是日在生长。尤其桂系在两湖扣留程潜，此种对付异己之严酷手段，更促成陈铭枢对李济琛之猜疑。我们虽然不能肯定说李济琛必以对付程潜之方法对付陈铭枢，但陈铭枢自然不能不戒备重蹈程潜之覆辄〔辙〕。这将使其暗斗愈烈，防备愈严，则是必然的事实。

■《中共广东省委为准备夏收暴动事致各党部通告（第八号）》（1928年5月29日）

贰 / 革命高潮汹涌澎湃

对中央和省委关于扩大各地暴动的指示最先付诸行动的是东江地区。1927 年 12 月 23 日，中共东江特委即向东江各县发出紧急通告，号召工农群众实行年关大暴动，以实现全东江割据的计划。从 1928 年 1 月至 4 月，海丰、陆丰、五华、惠阳、潮安、大埔、蕉岭、紫金、潮阳、丰顺、普宁、龙川、揭阳等县先后举行了武装起义。大埔、潮阳、丰顺、普宁等县还举行了两次或两次以上的起义。

中共广东省委致东江特委第一信

——东江暴动总策略

（一九二七年十二月二十二日）①

东江特委：

写给你们并转海陆丰县委一信，觉得尚未说得充足，作补述于次：

（1）广州暴动后，我们已暂时退往北江。但军阀间的冲突已更趋激烈。广州政权表面上黄、张已经倒台，实际上仍在朱、缪、李掌握，桂系李、黄等遂积极西下企图恢复广州政权。潮汕之陈仍然拥李，所以现在战事已非常紧急。据报载西江桂军，已到三水。同时四军二十五、六师，在前两日已开惠州，可见东江战事亦将爆发。

（2）所谓汪、蒋合作虽能成功，并且汪派暨张、黄等要避免攻击自己下台，实际上蒋派与桂系的冲突，又加激烈，现在桂系与西山会议派，×彰明较×的，×攻击汪直接攻击蒋。因此陈铭枢来粤，必然与桂系军派发生冲突，同时李、缪等决不愿将已得之政权轻易让给陈。因此，李、缪与陈之间仍然冲突，战争均有一触即发之可能。

（3）从（1）、（2）两项，可以看出广东军阀的冲突较前更加纷×，政权极端×××并且在最近的将来“战争爆发之后”，这种冲突将益加激。同时工农阶级经过最近的几个月斗争，尤其是广州暴动以后，革命情绪益加热烈，即中小资产阶级，亦充分表示××军阀战争，所以全广东仍是暴动的局面。

（4）省委根据上面客观的情形，决定继续发展暴动，以致夺取广东政权。当然不是马上在广州暴动，而是要东、西、北江各县极力发展暴动，形成割据局面，并向广州包围直到时机成熟，然后在广州作第二次的暴动，夺取全省政权。必须这样，才能得到最后的胜利。现在省委已指示北江特委，在花县、××及小北江一带，做成割据的局面；又指示琼崖须在最短期间完成全岛的暴动，并准备向高雷发展。

（5）因此，在此个总的策略之下，对你们有

①年代是根据本文内容判定的。

下列的指示：

A. 须即刻准备，由海、陆丰扩大到全东江割据的计划。

B. 东江农民代表大会，应要宣传并决定此项计划为主要工作。

C. 改正过去发展的路线（前定向惠州发展），转向海、陆丰周围各县发展尤其是有基础各县如普宁、紫金、潮阳、惠来、五华、兴宁等，一直到潮梅汕头。

D. 为此项工作，你们必须准备大批海、陆丰农民到各县去（顶好随同各县参加大会代表一同去），帮助并指导各县农民的暴动。有万分必要时，始可派军队（因为此次暴动要办到以当地农民群众的暴动为主力）。

E. 党亦尽可能派人去帮助或指导各县的党部，彭△△①同志顶好到附近各县去巡视一转。

F. 全东江割据计划，决不应该以急急于夺取潮汕为目的，而是要到各县暴动成功后才夺取潮汕。当然潮汕有可能时，当命令附近工农群众起来暴动，不过我们计划的主力应积极发展各县的暴动，形成包围潮汕的局面，到可能时才夺取潮汕，完成全东江的割据。

G. 现在须极力在海、陆丰农民中宣传，说明要保持已得的胜利，必须东江农民都能起来暴动，使他们能尽力（人力、财力）帮助各地的暴动。

H. 须准备一笔财力，到必要时帮助各县之用，不过不可轻于付给。

I. 目前海、陆丰的政权，既已暂时稳定，对小商人应取稍为和缓的政策，使他们不反对苏维埃政权，同时可以运进一些工业品来抑平物价，因此可以多〔大〕部分的力量注意对外。

J. 海、陆丰一带的民船和渔船，须即刻设法组织起来，（应派几个人到他们群众中去做工作），以便我们的交通，前次扣留商人的汽艇，应放还，因系我们担保商人去的，并使他们以后可以再去，使我们交通更便利些。

以上是省委对你们总的策略的指示，望你们在这个总的策略之下，仔细考虑，定出详细办法来，仍详细报告我们为要。

省　委

（按《省委通讯》一九二七年第七期刊印）

①原文如此。

■ 1927年12月22日，广东省委指示东江特委立即执行由海陆丰扩大到全东江割据的计划。23日，东江特委向所属各级党委发出年关暴动的紧急通告

■ 1927 年 12 月 15 日，信宜怀乡起义爆发，并宣布成立怀乡区苏维埃政府。图为怀乡起义指挥部旧址

■ 1927 年 12 月 22 日，曲江西水重阳农会和农军在中共广东省委委员、曲江县委委员欧日章的组织领导下，在驻犁铺头的朱德部队支持下，向大沙洲下村的地主发起进攻，拉开了西水暴动的序幕。暴动坚持到 1928 年 1 月 21 日。图为西水农民暴动旧址

■ 1928年1月初，东江农民代表大会在海丰县城召开

中國共產黨東江特別委員會佈告

一千九百二十八年 一月 日

■ 中国共产党东江特别委员会布告

1928 年 1 月 4 日，蕉岭举行新铺暴动。图为中共蕉岭县委第一次代表会旧址

1928 年 1 月 22 日，红四师第十二团与陆丰各地赤卫队占领甲子，成立了甲子区苏维埃政府。图为红四师第十二团党代表陆更夫

■ 1928年1月31日，彭湃率红四师第十一团300多人到普宁协助开展年关暴动，夺取政权。2月3日、6日，先后攻克了果陇、和尚寮两个国民党地方武装民团据点。2月13日，全县第一次工农兵代表大会在此召开，到会代表300多人，成立了普宁县苏维埃政府，陈开仪为执委主席。图为普宁县苏维埃政府办公地旧址

■ 1928年2月26日，惠阳县苏维埃政府成立。图为惠阳县苏维埃政府成立地旧址——杨氏宗祠

■ 1928 年 2 月，龙川县苏维埃政府正式成立。大会宣布：东江工农革命军第一军正式成立，黄克任总指挥。1928 年 3 月 9 日，鹤市暴动爆发，起义军 400 多人在黄克领导下占领鹤市。图为龙川县苏维埃政府旧址

■ 1928 年 5 月 3 日，大埔农军及部分工人共 600 多人在百侯举行暴动，镇压当地的土豪劣绅，烧毁区署，缴获一批武器。图为领导人之一李明光烈士的纪念碑

■ 国民党军占领海陆丰后，1928 年 5 月 3 日，在赵自选（由广东省委派往海陆丰）的统一指挥下，红二师、红四师和海丰工农革命军反攻海丰县城，一度攻入县城。但由于配合欠周，斗争遭致失败。图为赵自选

■ 1928 年 5 月 5—12 日，中共东江特委在惠来林樟村三山祠召开潮普惠三县负责人联席会议，会议制订了潮普惠三县暴动计划，成立三县暴动委员会。图为潮普惠三县暴动会议旧址

■ 1928 年 6 月 4 日，陆丰上户、新田赤卫队 600 多人与红二师 200 多人配合攻占河田，毙敌 10 余人，缴获枪支弹药一批。图为新田红二师纪念亭

除了东江地区，琼崖的陵水、万宁、乐会、文昌、崖县、临高、琼东、琼山等县也在琼崖工农革命军的配合下相继举行了起义，乐会县还在各区先后举行了 4 次起义。北江的仁化、英德、曲江、乐昌、南雄等县，西江的广宁、罗定，南路的茂名（今高州）等县，以及中路的宝安也于同一时期举行了起义。仁化县于 1 月和 2 月先后两次举行起义，并两度攻占了县城。

■ 1928 年 1 月 4 日，英德爆发潭洞暴动。图为潭洞暴动遗址

■ 1928 年 1 月底，乐昌坪石一带农军数百人在朱德、陈毅的领导下参加了湘南暴动，并配合朱德部在坪石击溃许克祥师取得坪石大捷。坪石战斗胜利的第二天，朱德率领革命军转移到皈塘村休整，并在李氏宗祠召开党政军联席会议。图为南昌起义军革命活动旧址——李氏宗祠

■ 1928 年 2 月 13 日，南雄举行全县暴动，参加暴动的人数达 3 万人以上。2 月 18 日，南雄县苏维埃政府成立。图为南雄县苏维埃政府旧址——上朔洋楼

■ 1928 年 2 月中旬，仁化暴动爆发，广东工农革命军北路第八独立团一部和其他农民武装 500 余人占领县城，并在华阳寨、双峰寨等地与敌激战。图为双峰寨保卫战旧址

■ 1928 年 2 月 25 日，广宁螺岗起义爆发，宣布成立广宁县苏维埃政府，罗国杰任主席，这是西江地区第一个红色政权。图为罗国杰故居

■ 1928 年 3 月 22 日，茂名爆发沙田暴动。图为沙田暴动指挥部旧址

■ 1927 年 12 月 1 日，中共崖县三区委调集农军 300 多人围攻崖县，占领警察署，数天后攻破商团据点，随后崖县第一个红色政权——崖县三区苏维埃政府成立，李茂文当选为主席。图为李茂文

■ 1927 年 12 月 28 日，文昌县讨逆军袭击翁田，后又消灭了碑平民团。图为文昌县讨逆军党代表许侠夫

■ 1927 年 12 月 30 日—1928 年 1 月 3 日，普宁年关暴动爆发，参加者达 2 万多人，焚烧田契、债约，没收反动地主的财物等。图为中共普宁县支部书记陈魁亚

■ 1928 年 1 月 4 日万宁暴动领导人之一周士第

■ 1928 年 4 月 14 日，罗定县委组织 1000 多人暴动，但由于计划被泄，起义失败。图为起义领导人之一唐公强

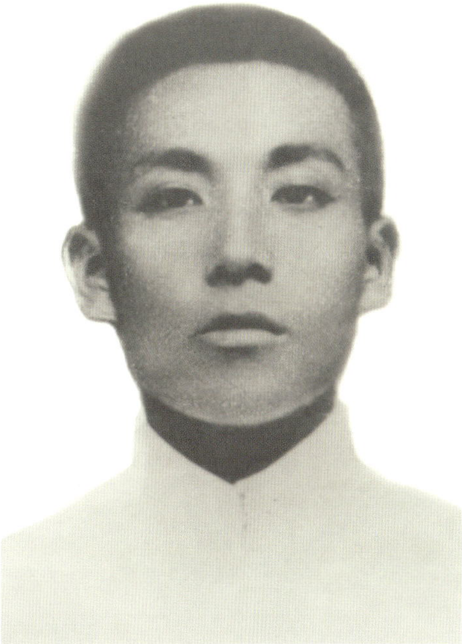

■ 1928 年 4 月 28—30 日，宝安举行全县暴动，由于农军缺乏配合，很快遭到失败。图为宝安县委书记黄学增

■ 1927 年 12 月 16 日，陵水县工农兵代表大会在陵城镇召开，宣布成立陵水县苏维埃政府，这是琼崖第一个县级苏维埃政权。图为陵水县苏维埃政府旧址

■ 1928 年 2 月 18—21 日，中共琼崖第二次代表大会在乐会四区召开。大会选举李源为特委书记（不久王文明继任）。图为会议地点——阳江墟

第六章

发展·红色割据

1927 年大革命失败后，广东党组织领导发动了多次武装起义，揭开了土地革命战争的序幕。党领导建立工农武装，开展土地革命，积极探索中国革命发展道路，在与强大敌人的斗争中，战胜无数艰难险阻，逐步开辟了海陆丰、琼崖、东江等革命根据地，先后创建了红二师、红四师、红十一军和红独立师。广东革命武装斗争牵制和抗击了大量国民党军，粤东北地区构成了中央苏区的南方战略屏障，对粉碎国民党军“围剿”中央苏区发挥了重要作用。

壹 / 革命根据地的建立

海陆丰革命根据地是中国共产党在土地革命时期较早建立的一块著名的革命根据地。1927 年 4 月至 11 月，在彭湃等中共领导人的带领下，海陆丰地区先后举行了三次武装起义，三次攻克海丰、陆丰县城。1927 年 11 月，海丰、陆丰两县苏维埃政府正式成立，这是中国最早的县级苏维埃政权。海陆丰苏维埃政府的成立，标志着海陆丰革命根据地的形成。1928 年 2 月，国民党集结重兵进攻海陆丰革命根据地，海丰、陆丰县城失守。海陆丰革命根据地的斗争遂告失败。

东江地区主力红军和游击队

工农革命军第二师	红二师，1927 年 10 月—1928 年底
工农红军第四师	1927 年 12 月—1929 年春
中国工农红军第十一军	1930 年 5—12 月
中国工农红军第六军第二师	独立师，1930 年 12 月—1933 年 9 月
东江红军游击总队	1933 年 10 月—1934 年冬

资料来源：中共广东省委组织部、中共广东省委党史研究室、广东省档案馆编：《中国共产党广东省组织史资料》（上册），中共党史出版社 1994 年版。

琼崖地区主要军事组织

琼崖工农革命军总司令部	1927 年 11 月—1928 年 2 月
琼崖工农红军总司令部	1928 年春—1930 年 8 月
中国工农红军第二独立师	1930 年 8 月—1933 年春

资料来源：中共广东省委组织部、中共广东省委党史研究室、广东省档案馆编：《中国共产党广东省组织史资料》（上册），中共党史出版社 1994 年版。

北江地区主要军事组织

清远县工农革命军独立团	1927 年 11—12 月
曲江县广东工农革命军北路第六独立团	1928 年
仁化县广东工农革命军北路独立第八团	1928 年
英德县赤卫大队	1928 年
工农革命军乐昌独立营	1928 年
南雄县游击大队	1929 年

资料来源：中共广东省委组织部、中共广东省委党史研究室、广东省档案馆编：《中国共产党广东省组织史资料》（上册），中共党史出版社 1994 年版。

西江、南路、粤中地区主要军事组织

西江地区军事组织	广宁县农民赤卫队	1928 年 1 月
	广东工农革命军第五师第十三团	1928 年 3—5 月
	罗定县农民赤卫队	1928 年 3—4 月
南路地区军事组织	信宜县起义军	1927 年
	廉江县工农革命军	1927 年 7—8 月
	化县农民自卫军大队	1928 年 4—8 月
	吴川县农民自卫军大队	1927 年 7 月—1928 年 11 月
	斜阳岛农民自卫军	1927 年 9 月—1932 年 12 月
	沙田农民自卫军	1928 年 3—6 月
粤中地区军事组织	南海县农民赤卫军	1927 年 12 月
	广东工农革命军中路纵队新会支队	1927 年 12 月

资料来源：中共广东省委组织部、中共广东省委党史研究室、广东省档案馆编：《中国共产党广东省组织史资料》（上册），中共党史出版社 1994 年版。

■ 1927 年 11 月 18—21 日，海丰县工农兵代表大会在红宫举行，选举成立海丰县苏维埃政府。图为红宫

■ 1927 年 12 月 1 日，海丰 5 万多名人民群众在红场举行庆祝海丰县苏维埃政府成立大会。图为红场

1928年，海陆丰革命根据地受挫。中共东江特委转往大南山为建立新的革命根据地而斗争。1930年5月1日，东江第一次工农兵代表大会召开，选举产生东江苏维埃政府和宣布成立中国工农红军第十一军，标志着东江革命根据地正式形成。1930年是东江革命根据地全盛时期，横跨粤闽赣三省，苏区人口超过100万。

1928年3月至10月，1930年10月至1935年6月，中共东江特委及其军委机关曾两次驻于汕头市潮南区红场镇叠石村。图为中共东江特委旧址外貌

1928年秋，中共兴宁县委在梅子坑胡屋召开五县联席会议，商议"五县联合暴动"问题。图为会议旧址

1930年10月底至11月初，中共闽粤赣边区第一次代表大会在汕头市潮南区红场镇大溪坝村余氏祖祠召开。图为旧址外貌

■ 1931 年春，中共东江特委迁入汕头市潮南区雷岭镇霞厝村，并在三乡祠办公。图为中共东江特委办公旧址——三乡祠

■ 1931 年 5 月 17 日至 23 日，东江第二次工农兵代表大会在汕头市潮南区红场镇大陂村红场召开。图为红场广场

■ 东江第二次工农兵代表大会召开地红场广场阅兵台下石刻，石上有一条标语，文字排列自右而左分为两列，内容为：“巩固苏维埃政权!”

■ 红场革命烈士纪念碑

■ 1931 年 11 月，中共潮普惠县委召开全县工农兵代表大会，成立潮普惠县苏维埃政府。图为位于汕头市潮南区红场镇大陂村杨氏祖祠的潮普惠县苏维埃政府办公旧址

大革命失败后，琼崖党组织在全琼掀起讨蒋起义和秋收起义高潮，恢复并壮大了党和工农武装的力量。1928 年，琼崖苏维埃政府成立，标志着琼崖革命根据地的正式形成。1931 年底，琼崖革命根据地进入了全盛时期。但在强敌重兵的“围剿”下，到 1933 年春，琼崖各地党组织和苏维埃政权遭到重大损失，党领导的琼崖革命斗争进入了艰苦卓绝的游击战争时期。

■ 1928 年 12 月，王文明在乐会四区文魁岭橡胶园主持召开干部会议，讨论坚持农村斗争的问题。会后率部向母瑞山转移。母瑞山位于海南岛中部定安县南端，方圆 100 多平方公里，山岭连绵，地势险要，易守难攻，是开展游击战争的天然战场。图为母瑞山远景

■ 冯白驹，琼山县人。历任海口市郊农会办事处主任，琼山、澄迈县委书记，特委委员、常委、书记等职。在长期革命斗争中成为“琼崖人民的一面旗帜”

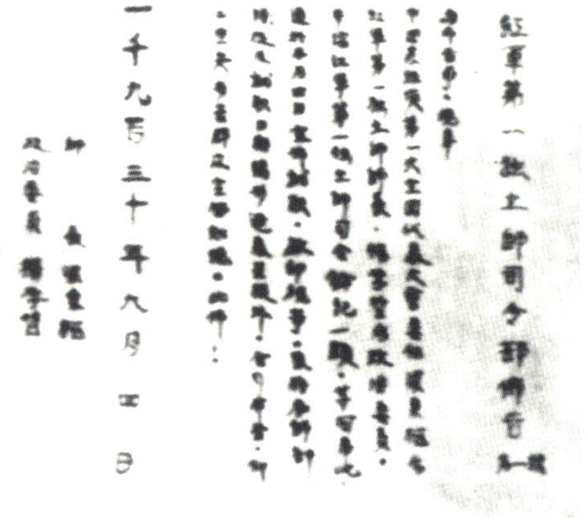

紅軍第一獨立師司令部佈告 第一號

一千九百三十年九月四日

■ 1930 年 8 月，琼崖工农红军独立师在母瑞山成立，9 月改名为中国工农红军独立第一师（后正式定名为中国工农红军第二独立师）。图为 9 月 4 日发布的《红军第一独立师司令部布告（第一号）》

■ 1933年1月反“围剿”斗争失败后，琼崖特委书记冯白驹带领幸存的100多人，被国民党军队重重围困在母瑞山中，仍然坚持艰苦斗争。图为红军战士用以充饥的“革命菜”（由冯白驹取名）

■ 1933年4月，冯白驹率领20多人的小队伍从母瑞山突围，抵达琼山，重新充实和健全了特委领导机构，继续开展武装斗争，琼崖的工作逐渐恢复

贰 / 红色武装挺立南粤

1927 年 10 月，董朗率领的南昌起义军余部 1000 多人改编为工农革命军第二师第四团，参与了海陆丰第三次武装起义，并取得胜利。12 月，东江特委正式建立工农革命军第二师（后改称工农红军第二师），董朗任师长，颜昌颐任党代表。1928 年 1 月，由广州起义军余部改编成立的工农红军第四师，在师长叶镛等率领下，到达海陆丰，与红二师会师。东江特委对红四师的领导进行了调整，叶镛仍任师长，袁国平任党代表，徐向前任参谋长。2 月，国民党军集结重兵围攻海陆丰革命根据地。6 月，红四师师长叶镛被捕牺牲，后由参谋长徐向前接任师长。由于红二师、红四师连续作战，给养困难，伤病员增多，减员日益严重，1928 年冬至 1929 年初，经中共中央和广东省委同意，董朗、徐向前等红二师、红四师全体官兵先后撤离海陆丰，经香港转往其他地方继续开展革命斗争。

■ 红二师碣石作战指挥部旧址

■ 工农革命军第二师师长董朗

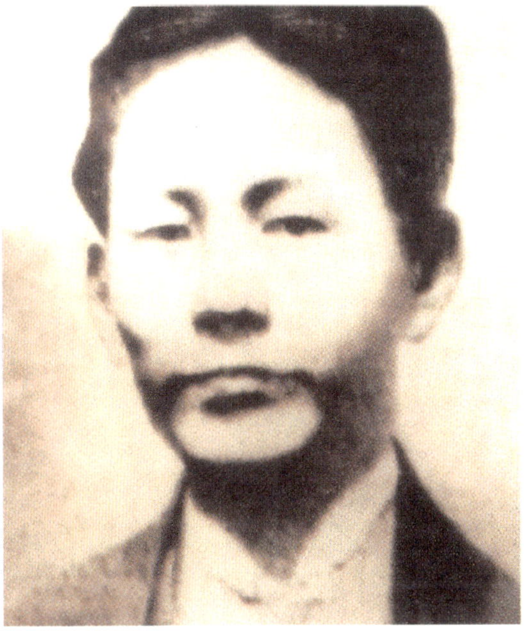

■ 工农革命军第二师党代表颜昌颐

■ 1927 年 11 月至 1928 年 2 月，中共东江特委和红二师师部在海丰城办公旧址

■ 位于汕尾市海丰县海城镇莲光村黄氏宗祠的红四师师部旧址

■ 1928 年春，红四师参谋长徐向前在战争中负伤后曾在汕头市潮南区雷岭镇济美尖石洞隐蔽疗伤。图为济美尖石洞外貌

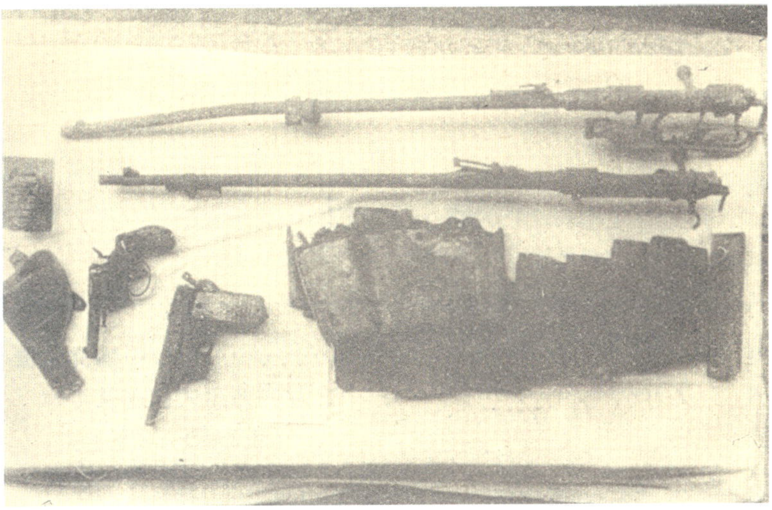

红二师、红四师使用过的武器

陆丰激石溪红军医院旧址

1930 年 5 月 1 日，东江特委在丰顺县八乡山召开东江第一次工农兵代表大会，成立苏维埃政府，同时，正式成立了中国工农红军第十一军，古大存任军长，下辖 5 个团，后又成立一个教导团，全军约 3000 人。红十一军成立后，多次粉碎了国民党军队和地方武装对东江革命根据地的“围剿”，有力地推动了东江地区革命高潮的到来。1930 年 12 月，东江特委决定将红十一军余部改编为中国工农红军第六军第二师（又称独立师）。1933 年春，在国民党军队“围剿”下，独立师受到很大损失。为了保存革命种子，独立师化整为零，分散活动，坚持革命斗争。

■ 图为位于丰顺县八乡镇滩良村庄屋坪的东江第一次工农兵代表大会遗址

■ 1929 年 6 月，潮普惠三县工农革命军和部分赤卫常备队到汕头市潮南区红场镇林招村三房祠集会，宣布成立红军第四十七团。图为红四十七团成立地旧址

■ 位于汕头市潮南区红场镇虎白坟村山猪坑洞的红四十七团修械厂所在地遗址

■ 位于汕头市潮南区雷岭镇龟山村雷氏祖祠的中共东江军委被服厂旧址

■ 位于汕头市潮南区红场镇大溪坝村的红军医院石洞口。洞口位于岩洞南侧，两侧被人为地用砖条垒砌高低不同的两堵矮墙，遮挡住洞口的一半

土地革命战争时期，由毛泽东、朱德领导的红四军，彭德怀领导的红五军以及由邓小平、张云逸领导的红七军，曾多次转战北江地区，有力地推动了北江革命斗争的开展。

■ 1929 年 10 月中旬，根据中共中央的指示，为将闽西苏区和东江苏区连成一片，红四军 3 个纵队 6000 余人在朱德、朱云卿率领下从闽西挺进东江。10 月 22 日，红四军 3 个纵队在梅县松源集结，前委机关和军部驻扎在同怀别墅。图为红四军前委机关和军部驻地旧址——同怀别墅

■ 红四军在梅县松源的宣传标语

■ 1931 年 1 月中旬，邓小平、张云逸率领红七军转战粤北，曾在乳源梅花墟（今属乐昌市）一带与敌展开激战。图为韶关乐昌市梅花镇红七军革命烈士纪念园

■ 1932 年 7 月上旬，毛泽东、朱德率领中央红军主力与国民党军队激战于南雄水口等地，红军击溃了陈济棠部 15 个团，是为红军战史上有名的“南雄水口战役”。图为南雄水口战役纪念公园

1930 年秋冬间，在中共中央南方局、广东省委的协助下，中共中央开辟了一条从上海、香港、汕头、青溪（大埔）、永定到江西中央根据地的中央红色秘密交通线，打通了上海与中央根据地的联系，也沟通了广东各根据地与外界的联系。至 1934 年 10 月，周恩来、邓小平、陈云等 200 多名领导干部经这条交通线进入中央苏区。

■ 1930 年底，中央交通局副局长陈刚来汕头镇邦街 7 号以中法西药行分号为掩护，建立交通局直属交通站。1931 年，为防止意外，中央交通局又派人在汕头海平路 98 号以华富电料行为掩护，建立备用交通站。1931 年 4 月，中法药房停止使用，华富电料行仍坚持工作。图为位于海平路的中央红色交通站汕头站旧址（原华富电料行）

■ 1930年冬，中央红色交通线大埔中站建立后，棣萼楼作为大埔中站的仓库用于存放要转运到中央苏区的药物、布匹、食盐、弹药、通信设备等重要物资。图为棣萼楼——中央红色交通线大埔中站仓库（含大水坑物资码头）旧址

后　　记

1927 年大革命失败后，广东党组织领导发动了一系列工农武装起义，犹如阵阵惊雷划破南粤夜空，给正处于低潮的革命形势带来了曙光。故此，本书取名《南粤惊雷——广东工农武装起义图文集》。

本书自 2017 年启动编纂工作，历时 5 年多。编写组成员查阅了大量历史文献资料，反复修改目录大纲，认真搜集、整理历史图片，精心撰写文字说明，数易其稿，最终得以付梓。由于年代久远，相关图片资料缺失，加之编者水平有限，本书疏漏之处在所难免，敬请读者批评指正。

编　者

2023 年 5 月